Anonymous

Das Wiener Heiligthumbuch

Nach der Ausgabe vom Jahre 1502 sammt den Nachträgen von 1514 mit

Unterstützung des K.K. Handelsministeriums

Anonymous

Das Wiener Heiligthumbuch
Nach der Ausgabe vom Jahre 1502 sammt den Nachträgen von 1514 mit Unterstützung des K.K. Handelsministeriums

ISBN/EAN: 9783744625999

Hergestellt in Europa, USA, Kanada, Australien, Japan

Cover: Foto ©ninafisch / pixelio.de

Weitere Bücher finden Sie auf **www.hansebooks.com**

DAS

WIENER HEILIGTHUMBUCH.

NACH DER AUSGABE VOM JAHRE 1502

SAMMT DEN

NACHTRÄGEN VON 1514

MIT UNTERSTÜTZUNG DES K. K. HANDELSMINISTERIUMS

HERAUSGEGEBEN VOM

K. K. ÖSTERR. MUSEUM FÜR KUNST UND INDUSTRIE.

DER REINERTRAG IST DEM WIENER DOMBAUVEREINE GEWIDMET.

WIEN 1882.
GEROLD & COMP.

Bereits feit dem frühen Mittelalter war es in der katholifchen Kirche Gebrauch, die Reliquien der Heiligen und Märtyrer an beftimmten Fefttagen der kirchlichen Gemeinde vorzuzeigen oder zur Verehrung auszuftellen. Diefe Vorzeigung gefchah mit grofsem Gepränge in einzelnen Gängen oder Prozeffionen unter Abfingung von geiftlichen Liedern und Verkündigung der durch Verehrung der Heiligthümer zu gewinnenden Abläffe in den Kirchen vom hohen Chore, oft auch von eigens zu diefem Zwecke errichteten Tribünen herab, bei zu grofser Anfammlung der Volksmenge aber aufserhalb der Kirche, entweder von den Thürmen, wie in Aachen und Würzburg, oder von befonderen Gebäuden, den fogenannten „Heiligthumftühlen", wie in Nürnberg und Wien. Aus dem Zufammenftrömen der Wallfahrer an Orten, wo fich der Heiligthümer viele vereint fanden, entftanden die „Heilthumsfahrten" und bald nach der Erfindung der Buchdruckerkunft durch den Wetteifer der einzelnen Kirchen und Städte, gedruckte Verzeichniffe ihrer Heiligthümer zu veröffentlichen, die „Heiligthumbücher", deren eine ziemliche Anzahl in deutfchen Landen erfchien. Da feit 1215 die Reliquien nur gefafst, alfo in Monftranzen, Reliquienkäftchen u. dgl., dem Volke vorgezeigt werden durften, fchuf in Folge des fich unausgefetzt fteigernden Reliquiencultus das Kunfthandwerk eine grofse Menge von Reliquienbehältniffen in mannigfacher Form und Gröfse und aus dem verfchiedenartigften Materiale. Die zumeift illuftrirten Heiligthumbücher beanfpruchen daher unfer doppeltes Intereffe, denn fie legen nicht nur Zeugnifs ab von dem Kunftvermögen der verfchiedenen Epochen, fondern fie geben uns auch einen Einblick in den Formenreichthum der kirchlichen Gefäfse und Geräthfchaften und bieten der heutigen Kunftinduftrie die fchätzbarften Vorbilder für das Gebiet der kirchlichen Kunft.

In der Reihe diefer Heiligthumbücher fteht obenan dasjenige vom heiligen Berge zu *Andechs* in Bayern, gedruckt zu Augsburg, o. J., 1473 und um 1500, zu Weffobrunn 1505, zu München 1595, 1602 und 1797.

Diefem fchliefsen fich an die Heiligthumbücher von *St. Georgenberg* in Tirol, gedruckt zu Augsburg 1480; *Augsburg*, gedruckt dafelbft 1483, 1625, 1630, 1653 und 1712;[1] *Würzburg*, gedruckt zu Nürnberg 1483 und 1485; *Nürnberg*, gedruckt dafelbft 1487 und 1493; *Köln*, gedruckt dafelbft 1492, 1505, 1509 und 1511, wozu noch ein von dem Schatzhüter des Kölner Domes, P. SCHONEMANN 1671 herausgegebenes Reliquienverzeichnifs mit kleinen Abbildungen in Kupferftich auf einem Doppelfolio-Blatte gehört.

Den vorgenannten ftehen zunächft die Heiligthumbücher von *Bamberg*, gedruckt dafelbft 1493 und 1509; *Wien*, gedruckt dafelbft 1502, mit Nachträgen von 1514; *Magdeburg*, gedruckt dafelbft, o. J.; *Wittenberg*, gedruckt dafelbft 1509 und mit dem Hallefchen zufammen 1618; *Trier*, gedruckt zu Metz 1514, neuerdings abgedruckt zu Regensburg 1845, aufserdem eine Reihe von mit Abbildungen verfehenen Schriften aus den Jahren 1512—1513 über den wiederaufgefundenen „Rock Chrifti" und fchliefslich das Heiligthumbuch von *Halle*, gedruckt dafelbft 1520 und mit dem Wittenberger zufammen Wittenberg 1618, neuerlich abgedruckt bei Dreyhaupt, Befchreibung des Saal-Kreifes, Bd. I und in Naumann's Archiv für die zeichnenden Künfte, I. Band.

Aachen, wo von dem Thurme des Liebfrauen-Münfters herab noch jetzt von fieben zu fieben Jahren die andernorts längft nicht mehr begangene feftliche Vorzeigung der Reliquien ftattfindet, befitzt zwar kein Heiligthumbuch aus älterer Zeit, doch finden fich in Noppius Aacher Chronik, Cöln 1632, auf einer von W. HOLLAR radirten Platte in 29 numerirten Abtheilungen die Aachener Heiligthümer dargeftellt (Parthey 230). 1818 erfchien: „Schatzkammer des Aachener Heiligthums". Zur Erinnerung an die Heiligthumsfahrt von 1853 hat SCHERVIER den Reliquienfchatz des Liebfrauenmünfters befchrieben und mit zahlreichen Abbildungen herausgegeben, desgleichen BOCK 1860 und 1867, fowie KESSEL als Feftfchrift zur Heiligthumsfahrt von 1874.[2]

---

[1] Das Augsburger Heiligthum illuftriren aufserdem noch zwei Holzfchnitte in Folio von circa 1480—1490, abgedruckt in: „Die Holzfchnitte des 14. und 15. Jahrhunderts im Germanifchen Mufeum" Taf. CXVI—CXIX.

[2] RULAND: Über die „Heilthumbfahrten" der Vorzeit in „Chilianeum", II. Band; FALK: Die Druckkunft im Dienfte der Kirche und OTTE: Handbuch der kirchlichen Kunft-Archäologie, 4. Auflage, pag. 142; — über die Reliquien, deren Aufbewahrung und Vorzeigung fiehe: Ornatus ecclefiaticus, mit deutfcher Ueberfetzung herausgegeben von J. MÜLLER 1591, Cap. XXXVI — XXXVIII; JAKOB: Die Kunft im Dienfte der Kirche, §. 45, fowie NEUMANN: Zur Form der Reliquiare, in den Mittheilungen der k. k. Central-Commiffion, Band XIII, pag. CXV und WEISS: Ueber Reliquienfchreine, ebenda, I. Band, pag. 77.

Das *Heiligthumbuch des St. Stephansdomes zu Wien* ift das *achte*
in der Zahl der vorftehenden Heiligthumbücher. Als Herausgeber wird
in der Schlufsfchrift desfelben der Wiener Bürger und Rathsherr
Matthäus HEUPERGER genannt. Das Gefchlecht der Heuperger ftammte
aus Tirol und war dort in Hall und Pankirchen begütert. Matthäus
Heuperger liefs fich in Wien nieder, wo er das Haus „zum goldenen
Hirfchen" in der heutigen Rothenthurmftrafse neu erbaute. Nach einer
kinderlofen Ehe mit der Wiener Bürgerstochter Martha Kiefsling, ver-
witweten Ammon, vermählte er fich zum zweiten Male mit Anna Parth,
der Tochter eines alten Münchener Patrizierhaufes, welcher Ehe ein
Sohn und drei Töchter entftammten, deren eine, Martha, 1522 den Rath
Ferdinands I. und Kanzler von Niederöfterreich Marcus Beck von
Leopoldsdorf heiratete. Sein Sohn Leopold war Ferdinands I. Hof-
kammerdiener, dann Hofzahlmeifter, Schatzmeifter und Burggraf zu
Wien und überdiefs ein eifriger Kunftfammler; er befafs eine von
Wolfgang Lazius geordnete grofse Sammlung von Antiquitäten, befon-
ders römifchen Münzen. Matthäus Heuperger war ein fehr religiöfer
Mann und wie LAZIUS fagt „wegen feines chriftlichen Eifers zu Wien
fehr berühmt", er wird aber auch ein wahrer Freund der Wiffenfchaften
und Künfte genannt. Im Jahre 1505 reifte er mit drei anderen Wiener
Bürgern nach Rom, um fich von Papft Julius II. die Beftätigungs-Bulle
und Abläffe für die wiederhergeftellte Frohnleichnams-Bruderfchaft
bei St. Stephan zu erwirken. Er ftarb 1515 und fand in der (1781 demo-
lirten) St. Erasmus- (Magdalenen-) Kapelle auf dem Stephansfreithofe
vor dem Altare feine Ruheftätte.[1]

Zur Drucklegung des Heiligthumbuches bediente fich Matthäus
Heuperger feines Mitbürgers Johann WINTERBURGER, des *erften* Buch-
druckers, deffen Name auf den Erzeugniffen der Wiener Preffen erfcheint.
Gebürtig von Winterburg unweit Kreuznach in der ehemaligen Graf-
fchaft Sponheim, hatte Winterburger die Buchdruckerkunft wahr-
fcheinlich in Mainz erlernt, denn er rühmt in der Schlufsfchrift zu des

---

[1] Ueber die Familie der Heuperger fiehe: LAZIUS: Wienerifche Chronik, Wien 1619, 4. Buch,
pag. 24; — DENIS: Wiens Buchdruckergefchichte, I., pag. 16; — WISSGRILL: Schauplatz des landfäffigen
Niederöfterreichifchen Adels, IV., pag. 324; — Die Familien-Chronik der Beck von Leopoldsdorf,
herausgegeben von ZEIBIG im Archiv für Kunde öfterreichifcher Gefchichtsquellen, VIII. Band, aus-
führlich befprochen von LIND in den Blättern des Vereins für Landeskunde von Niederöfterreich, Neue
Folge, IX—XI. Band; — BERGMANN: Medaillen auf berühmte und ausgezeichnete Männer des öfterrei-
chifchen Kaiferftaates, I., pag. 44.

L. Apulejus „Epitome de mundo“, 1497, Mainz als die Erfinderin und
Mutter der Buchdruckerkunſt. Zum erſten Male hat er ſich als Buch-
drucker genannt in der Schlufsſchrift zu den von ihm 1492 gedruckten
Satiren des Aulus Perſius Flaccus. Seine Arbeiten, meiſt liturgiſchen
Inhaltes, datiren bis 1519. Die mit Holzſchnittbildern und Initialen reich
geſchmückten Ausgaben des Miſſale Patavienſe (erſte Ausgabe 1503),
des Miſſale Olomucenſe (1505), des Miſſale Saltzeburgenſe (1506), des
Miſſale Defunctorum u. ſ. ſ. zeigen, wie vortrefflich ausgeſtattet Winter-
burger's Buchdruckerei geweſen iſt. Als ſeine bedeutendſte Leiſtung
aber gelten Peurbach's aſtronomiſche Tabellen (1514). Das *Symbol*
Winterburger's beſteht aus einem mit der Spitze nach unten gekehrten
Pfeil, an dem ſich eine gekrönte Schlange hinaufwindet, überragt von
einem Kreuze, rechts und links die Buchſtaben J und W., das Ganze
von einem Zierrahmen umgeben. KAUZ ſagt in ſeiner Abhandlung
„Über die wahre Epoche der eingeführten Buchdruckerkunſt in Wien“
(1784) von Winterburger, dafs dieſer beſtrebt war, alle ſeine Rivalen
auf dem Gebiete der Buchdruckerkunſt zu verdunkeln, dafs er dem
Biſchof Vitez (1490 — 1499) und ſeinen Nachfolgern alle Kirchenbücher
jeder Gattung lieferte, die Wiener Gelehrten anciſerte, die vornehmſten
und koſtbarſten Werke auflegte und nennt ihn ſchliefslich den Trattner
ſeines Zeitalters.[1]

Das hier zu beſprechende aus Winterburger's Buchdruckerei her-
vorgegangene Werk, das Wiener Heiligthumbuch von 1502, beſteht aus
24 beiderſeits bedruckten Blättern ohne Seitenzahlen, mit den Signa-
turen *a — c*. Der Titelholzſchnitt zeigt unter vier Textzeilen die Figur
eines ganz geharniſchten Ritters, in der Rechten das Stechfähnlein,
neben ihm auf dem Boden die Wappen der Stadt Wien, Doppeladler
und Kreuzſchild. Die zweite Seite bringt eine Anſicht des St. Stephans-
domes von Nordweſten, die *älteſte* xylographiſche Abbildung deſſelben[2]
und auch für die Baugeſchichte des Domes inſoferne von Intereſſe, als ſie
das Biſchofsthor noch ohne die Eingangshalle zeigt. Die ſogenannten

---

[1] Ueber Winterburger ſiehe ferner: DENIS: Wiens Buchdruckergeſchichte, pag. VI und des-
ſelben Verfaſſers Einleitung in die Bücherkunde, I., pag. 132; — FALKENSTEIN: Geſchichte der Buch-
druckerkunſt, pag. 189 und KOCH: Kurzgefafste kritiſche Geſchichte der Erfindung der Buchdrucker-
kunſt, pag. 30 ff.

[2] Dieſe Abbildung wurde von dem Zeichner der Meldemann'ſchen Rundanſicht der Stadt Wien
(1529) für ſein Blatt copirt. H. KABDEBO hat in ſeiner Abhandlung über den Antheil der Nürnberger Brief-
maler Meldemann und Guldenmundt an der Literatur der erſten Türkenbelagerung, abgedruckt in den
Berichten des Alterthums-Vereines zu Wien, Band XV, bereits darauf hingewieſen.

„Heidenthürme" fehen wir auf unferer Abbildung mit der urfprünglichen Eindachung aus glafirten Ziegeln, welche fich, wie Dr. Guftav HEIDER bereits in den Mittheilungen der k. k. Central-Commiffion II., pag. 3, bemerkt hat, noch unter der heutigen gothifchen Verkleidung der Thurmhelme befindet. Der nördliche diefer Thürme hat als Bekrönung ein Kreuz, der füdliche einen Wetterhahn an Stelle der erft 1631 aufge-ftellten Statuen der Heiligen Stephan und Laurenz. Hierauf folgen drei Seiten Vorrede und Verzeichnifs der Abläffe und weiters ein blattgrofser Holzfchnitt, die Anficht des Heilthumftuhles : ein figurengefchmücktes mächtiges Gebäude, über einem breiten Rundbogen acht, an der Schmalfeite drei fpitzbogige Fenfter mit herabhängenden Teppichen geziert. An den Fenftern ftehen Priefter, mit der Vorzeigung der Reliquien befchäftigt; unten auf der Strafse, zu beiden Seiten des Gebäudes, fitzt auf Bänken dicht gedrängt die Menge der Zufchauer.

Der Heilthumftuhl wurde 1483 erbaut und ftand quer über der Strafse zwifchen der Brandftätte und den ehemals der Weftfeite des Stephansdomes vorgebauten Häufern, ungefähr an Stelle der heutigen Baugruppe 8 und 8ᴬ. Er wurde im Jahre 1700 bis auf einen kleinen Theil, der beim Mefsner- und Bahrausleiherhaus ftehen blieb und an welchem fich nebft der Jahreszahl 1483 noch die Infchrift: Niklas Scheller die Zeit Kirchenmeifter" und die zehn Gebote befanden, abgetragen. Zu diefem Zwecke fand 1699 zwifchen dem Stadtrathe und dem Wiener Bürger Johann Baurnfeindt, welcher feit 1697 Befitzer des Haufes auf der Brandftätte neben dem Heilthumftuhl war, eine Ver-einbarung ftatt, zufolge welcher dem Letzteren die Bewilligung zur Ab-tragung des Heilthumftuhles unter Anderm auch mit der Verpflichtung ertheilt wurde, die an demfelben befindlichen Wappen und die Statuen St. Stephans und der heiligen Katharina beim Abbruche des Gebäudes *möglichft zu verfchonen, unzerbrochen* herabnehmen und an dem ihm zu bezeichnenden Orte auf feine Unkoften wieder anbringen zu laffen.[1] Der nach diefer Abtragung noch erhalten gebliebene Theil des Heilthum-ftuhles wurde 1792 zugleich mit der Häuferreihe vor der Weftfeite des Domes entfernt.

Von dem Heilthumftuhle aus wurden übrigens die Heiligthümer nur *gezeigt,* nicht in demfelben *aufbewahrt,* wie manchmal irrthümlich berichtet wird. Das Heiligthumbuch felbft legt auf Sign *c i* r. Zeugnifs ab,

---

[1] Berichte des Alterthums-Vereines zu Wien, Band XI, pag. 242, Urkunde 141.

X

dafs alle in demfelben aufgezählten Reliquien und Kleinodien in der *Schatzkammer* des St. Stephansdomes (damals wahrfcheinlich ober der Kreuz- oder Eugen-Kapelle) aufbewahrt wurden; überdiefs fand OGESSER in den Ausgabsbüchern der Cuftodie die Beträge verzeichnet, welche für das jedesmalige Übertragen der Reliquien von der Schatzkammer nach dem Heilthumftuhle bezahlt wurden.[1]

Der Abbildung des Heilthumftuhles fchliefst fich ein Vorwort zum Verzeichniffe der Reliquien an, welches befagt, dafs das Heiligthum von St. Stephan „aus altem Herkommen und löblicher Gewohnheit" alljährlich am Sonntage nach dem Oftertage gezeigt wurde,[2] mit der Ermahnung, „dafs ein jeder Menfch auf fich felbft aufzumerken habe, kein Gedränge, Aufruhr oder Gefchrei anfange, damit Niemand in feiner Andacht beirrt noch verhindert werde, und die Menfchen das Heiligthum mit feinem Schmucke andächtig anfehen, auch die *Erklärung was ein jedes Stück fei,* und den Lobgefang, der dazwifchen gefungen wird, hören und bedenken und fich des grofsen Ablaffes theilhaftig machen mögen". Hieran reihen fich auf 25 Seiten mit 255 Abbildungen die „acht Prozeffionen oder Umgänge des Heiligthums," und zwar: 1. und 2. das Heiligthum Chrifti, 3. das Heiligthum unferer Lieben Frau, 4. das Heiligthum der zwölf Apoftel, 5. und 6. das Heiligthum der heiligen Märtyrer, 7. das Heiligthum der heiligen Beichtiger und 8. das Heiligthum der heiligen Jungfrauen.

In dem auf das Verzeichnifs der Reliquien folgenden Texte wird, wie bereits erwähnt, über den Aufbewahrungsort der abgebildeten Heiligthümer berichtet, mit der Bemerkung, dafs die Kirche zu St. Stephan zu jener Zeit *aufserdem* noch viele Kreuze, Monftranzen und andere Kleinodien befeffen habe, welche jedoch in das Heiligthum-

---

[1] OGESSER: Befchreibung der Metropolitankirche zu St. Stephan in Wien, 1779, pag. 98. — Ueber den Heilthumftuhl vergleiche noch: CAMESINA: Die Maria-Magdalenen-Capelle am Stephansfreithofe zu Wien und deffen Umgebung (mit Situationsplan) in den Berichten des Alterthums-Vereines zu Wien, Band XI, pag. 293. — Die Anficht der Stadt Wien aus der Vogelfchau, aufgenommen von Jacob HOUFNAGEL im Jahre 1609, geftochen von N. J. VISCHER in Amfterdam 1640, vergegenwärtigt am beften die bauliche Situation des Heilthumftuhles und der angrenzenden Häufer. In feinen „Wiener Skizzen aus dem Mittelalter", 2. Reihe, bringt SCHLAGER die Copie eines Theiles der Houfnagel'fchen Anficht, den Stephansfreithof mit der Magdalenen-Capelle und dem Heilthumftuhl, nach einer in der Hofbibliothek befindlichen Zeichnung aus der erften Hälfte unferes Jahrhunderts, welche er jedoch a.a.O., pag. 314, als wahrfcheinlich von dem kaiferlichen Baumeifter CONTINELLI um die Mitte des 16. Jahrhunderts angefertigt bezeichnet.

[2] Eine theilweife Ausftellung der Reliquien, gleichfam eine Reminiscenz an das einftige „Heilthumsfeft", findet noch jetzt alljährlich am 16. Februar auf dem Hochaltare des Domes ftatt.

buch nicht aufgenommen wurden. Die Rückfeite diefes zugleich die
„Befchlufsrede" enthaltenden Blattes ziert ein grofser Holzfchnitt: die
Steinigung des heiligen Stephan. Hierauf folgen auf zwölf Seiten der
Ablafskalender in Roth- und Schwarzdruck und auf der Vorderfeite des
letzten Blattes, als düfteres Memento! in kräftigem Holzfchnitt die
Sinnbilder des Todes: zu oberft ein auf einer Tragbahre ftehender
Sarg, auf diefem Leuchter und Weihwedel, unter demfelben ein von
Schlangen umwundenes von einem Todtenkopfe bekröntes Wappen-
fchild mit übereinandergelegten Gebeinen, zu unterft ein offenes Grab,
darinnen ein theilweife von einem Leichentuche umhülltes, von Schlangen
und Kröten benagtes liegendes Gerippe; an den Seiten lehnen Haue
und Spaten, eine Bandrolle trägt die Infchrift:
·M·G·W·ALL·HERNACH· 1502·
Die Buchftaben *M. G. W.* auf diefem Holzfchnitte werden mehr-
fach als Monogramm des heute noch unbekannten Zeichners oder Form-
fchneiders unferes Heiligthumbuches gedeutet. Aber fchon der gelehrte
Bücherkenner DENIS in feiner Gefchichte der Wiener Buchdrucker-
kunft und Dr. A. ILG in den Berichten des Alterthums-Vereines zu
Wien haben die Vermuthung ausgefprochen, dafs diefe Buchftaben nur
eine zu den Worten All Hernach gehörige Abbreviatur feien. Als
Monogramm des Künftlers dürften fie fchon aus dem Grunde nicht
anzufehen fein, weil der Titelholzfchnitt der Ausgabe des Heiligthum-
buches von 1514, der, wie eine auch nur flüchtige Betrachtung lehrt,
entfchieden von einer anderen Hand herrührt, als die Holzfchnittbilder
der Ausgabe von 1502, unten zwifchen zwei Wappenfchilden in einer
Bandrolle *dieselben* Buchftaben trägt. Vielleicht waren fie die Abbre-
viatur irgend eines frommen Spruches, welchen Heuperger als Devife
führte. Einige ganz im Charakter der Illuftrationen des Heiligthum-
buches von 1502 ausgeführte *nicht* monogrammirte Holzschnitte in
Winterburger'fchen Druckwerken, wie beifpielsweife das wohl unzweifel-
haft von dem Meifter der erfteren herrührende Titelbild des Miffale
Olomucenfe, würden wefentlich die Vermuthung unterftützen, dafs die
in Rede ftehenden Buchftaben nicht als Monogramm des Zeichners
oder Formfchneiders in Betracht zu ziehen feien.

   An diefer Stelle mufs auch einer mit unferem Holzfchnitte in
Darftellung und Infchrift ganz übereinftimmenden getufchten Feder-
zeichnung gedacht werden, welche in der Anfichtenfammlung der k. k.

XII

Hofbibliothek aufbewahrt und in den Mittheilungen der Central-Commiffion IX. Bd., p. 275 als Abbildung eines Grabmales an der St. Stephanskirche ausführlich befchrieben wird, ohne dafs jedoch in der citirten Befchreibung derfelben Darftellung im Heiligthumbuche erwähnt würde. Der untere Rand diefer Zeichnung trägt die folgenden Schriftzeilen: Stein von rothen Marmor auf dem Altare, der von drey Seiten offenen gothifch zierathirten Todten-Kapelle, aufserhalb der St. Stephanskirche, neben dem unausgebauten Thurme gegenüber des Erzbifchöfl. Palaftes. 1788. Eine von derfelben Hand gefchriebene Notiz auf dem Unterfatz-Carton der Zeichnung meldet weiters: Die Kapelle wurde fammt allen übrigen, auf diefer Seite befindlichen Grab-mählern, wegen dem Baue eines Schulhaufes abgebrochen; diefes wurde jedoch nach der Vollendung, wegen Verunftaltung der Kirche, in Folge Befehls Kaifer Jofeph II. bey feiner Zurückkunft aus dem Türkenkriege, auf Koften des St. Wr. Mag. Stadtunterkämmerers, Stephan Wohleben, wieder demolirt. anno 1788.

Diefe aus der Sammlung des Gefchichtsforfchers Ignaz de Pauli von Enzenbühl ftammende etwa 1830—1840 angefertigte Zeichnung ift nichts als eine Copie nach dem Holzfchnitte des Heiligthumbuches, aus welchem noch das Titelblatt mit der Figur des geharnifchten Ritters und die Abbildung des Heilthumftuhles, in derfelben Weife ausgeführt, fich in der Sammlung der Hofbibliothek befinden. Kann daher diefe Zeichnung nicht als Beweisdocument dafür gelten, dafs jemals ein folcher Grabftein fich an dem Stephansdome befunden und, wie man dann wohl fchliefsen müfste, dem Zeichner des Heiligthumbuches als Vorbild für fein Wappen des Todes gedient habe, oder umgekehrt, in demfelben Jahre ein Grabmal nach dem Holzfchnitte ausgeführt worden fei, fo find die auf der Zeichnung befindlichen hand-fchriftlichen Notizen an und für fich gegenftandslos, weil auf der Nord-feite des Domes aufser dem ehemals zwifchen zwei Pfeilern an der Weftfeite des Thurmes eingebaut gewefenen Beinhaufe, welches hier nicht gemeint fein kann, fich keine der Befchreibung entfprechende Todten-Kapelle befand; auch des angeblich *an Stelle diefer Kapelle* erbauten und nach feiner Vollendung wieder demolirten Schulhaufes gefchicht nirgends Erwähnung.

Auf den Holzfchnitt mit den Sinnbildern des Todes folgt fchliefs-lich noch eine Textfeite, welche uns Kunde gibt, dass das Heiligthum-

und Ablafsverzeichnifs des St. Stephansdomes im Jahre 1501 durch den Wiener Bürger und Rathsherrn Matthäus Heuperger zufammengeftellt und 1502 durch Johann Winterburger zu Wien gedruckt worden fei. Am Schluffe des Textes ift das von einer männlichen und einer weiblichen Figur in einer einfachen Umrahmung gehaltene Wappen des Matthäus Heuperger abgebildet: ein fenkrecht getheilter Schild mit je einem spitzen weifsen Felfen im erften (rothen) und zweiten (fchwarzen) Felde; beide Felfen umgibt ein die untere Schildeshälfte ausfüllender Geflechts- zaun, das ererbte Wappen der Herren von Pankirchen. Ueber dem Schilde, auf einem gekrönten Helme, erfcheinen wieder die beiden Berge und der Zaun zwifchen (rechts fchwarzen, links rothen) Adler- flügeln.[1] Diefer Holzfchnitt *fehlt* in fämmtlichen mir bisher zur Kennt- nifs gekommenen Exemplaren des Heiligthumbuches mit Ausnahme des der Reproduction zu Grunde gelegten auf Pergament gedruckten im Befitze des k. k. Oefterreichifchen Mufeums und ift auch in der Befchreibung beider Ausgaben bei DENIS nicht erwähnt. Das Exemplar des Oefterreichifchen Mufeums enthält aufserdem auf der Innenfeite des gleichzeitigen Original-Einbandes dasfelbe Wappen auf Pergament mit Aquarellfarben gemalt. Auf das Vorfatzblatt ift ein Holzfchnitt, ein türkifches Zeltlager vorftellend, geklebt und auf deffen oberen Rand find in kräftiger Fractur aus dem Anfange des XVI. Jahrhunderts die Worte gefchrieben: Jhefsus Maria. M. H. Aller Wahrfcheinlichkeit nach ftammt alfo diefes Exemplar aus Heuperger's eigener Bibliothek und wurde nur bei einer kleinen Anzahl von Abzügen am Schluffe das Wappen des Herausgebers beigedruckt.

Auch durch einige kleine Abweichungen im Texte unterfcheidet fich das Exemplar des Oefterreichifchen Mufeums von der Mehrzahl der mir bekannten Exemplare der Ausgabe von 1502. So heifst es in dem erfteren auf Sign. *b i* v. in der Befchreibung der 5. Figur: . . . darinn sein hei heyltumb, in den übrigen Exemplaren fehlt die Silbe hei; auf Sign. *b ij* r. bei der 7. Figur: Ain arm sanud Bartlme, in den anderen correct sannd; auf Sign. *b viij* r. in der erften Figur: . . . . sand

---

[1] Das „verbefferte“ Wappen der Heuperger hat als Helmkleinod einen gekrönten goldenen Löwen zwifchen zwei mit je drei Pfauenfedern befteckten Büffelhörnern, deren eines oben roth, unten weifs, das andere oben gelb, unten fchwarz ift. (WISSGRILL a. a. O., pag. 326.) Diefes verbefferte Wappen hat Auguftin HIRSCHVOGEL für Leopold Heuperger geftochen. (Bartsch 114.)

Petrnoell, in den übrigen correct Petronell — Correcturen, welche
während des Druckes waren vorgenommen worden.

Es erübrigen noch einige Worte über die *Ausgabe des Heiligthum-
buches von 1514;* diese war kein completer *Neudruck*, fondern es wurden
dem Refte der Auflage von 1502 nur ein neues Titelblatt und vier Seiten
Nachträge zu dem Schatzverzeichniffe beigefügt, woraus fich die in
verfchiedenen Zufälligkeiten vollkommene Übereinftimmung des Textes
und die gleichlautende Schlufsfchrift mit der *Jahreszahl 1502* in *beiden*
Ausgaben erklärt.

Der Holzfchnitt des Titelblattes von 1514 zeigt in einer reichen
Umrahmung mit Kindern und Wappenfchilden die Figur des heiligen
Stephan, im Hintergrunde die Stadt Wien. Unten in der Mitte des
Bildes trägt eine Bandrolle die oben befprochenen Buchftaben *M. G. IV.*;
in den unteren Ecken Kinderfiguren mit dem Wappen des Martin Heu-
perger, den beiden Bergen mit dem Geflechtszaun und demjenigen feiner
zweiten Gattin Anna Parth, einem Mannskopf en face gefehen, mit
ftarkem Barte und kahlem Scheitel. [1]

Die dem Nachtrage zu dem Reliquienverzeichniffe voranftehende
kurze Einleitung berichtet uns, dafs in denfelben nebft den Stücken,
welche feit 1502 zu dem Reliquienfchatze neu hinzugekommen waren,
auch mehrere bereits in der Ausgabe von 1502 abgebildete, feitdem neu
gefafste Heiligthümer aufgenommen find, und dafs diefer Nachtrag
abermals auf Koften des M. Heuperger veröffentlicht wurde. Die
21 Figuren diefes Nachtrages find mit Buchftaben *a* bis *x* bezeichnet
und nach den acht Umgängen geordnet. Als neu gefafst find 6, als neu
hinzugekommen 15 Heiligthümer aufgeführt.

Der vorliegenden Reproduction der Ausgabe von 1502 find das
Titelblatt und die Nachträge von 1514 am Schluffe angefügt, fo dafs alfo
in derfelben *beide* Ausgaben vereint erfcheinen.

Aus der langen Reihe der in dem Heiligthumbuche verzeichneten
Reliquiare finden fich in dem Schatze von St. Stephan nur mehr ein

---

[1] Die vereinten Wappen der Heuperger und Parth finden fich auch noch auf der Wappengruppe
im Schlofshofe zu Ebreichsdorf, welche Hieronymus Beck, der Enkel des M. Heuperger, beim Umbaue
des Schloffes (1581 — 1588) dafelbft anbringen liefs und ferner auf einer Sandfteintumbe über der
Beck'fchen Familiengruft auf dem Friedhofe bei der Pfarrkirche zu Ebreichsdorf. (LIND: Archäologifche
Notizen über Niederöfterreich in den Berichten des Alterthums-Vereines zu Wien, Band XV, wofelbft
auch eine Abbildung der Wappengruppe und der Tumbe. — DERSELBE: Die Chronik der Familie Beck
von Leopoldsdorf in den Blättern des Vereins für Landeskunde von Niederöfterreich, Neue Folge
Band XI.)

l'acificale aus emaillirtem und vergoldetem Silber mit einem von Herzog Rudolph IV. der St. Stephanskirche verehrten Kreuzpartikel (abgebildet Sign. *a v* r., Fig. 1 und als *neu gefafst* im Nachtrage von 1514, Fig. *a*) und das Andreaskreuz (Sign. *b ii* r., Fig. 2) vor. Von allen übrigen dafelbft abgebildeten Reliquienbehältniffen ift heute leider nichts mehr vorhanden. Zur Zeit der Türkenzüge und der Kriege gegen Frankreich wurden die Reliquien aus ihren koftbaren Faffungen und Behältniffen herausgenommen und diefe veräufsert. Jetzt find die Reliquien in der einftigen „fchönen Heilthumb-Sakriftei" an der Südfeite des Chores in zwölf Wandfchränken und zumeift künftlerifch wie materiell werthlofen Faffungen aufbewahrt. Von um fo gröfserem kunft- und auch localhiftorifchem Intereffe ift daher unfer Heiligthumbuch — es bewahrt die Erinnerung an die einft bedeutenden Kunftfchätze des Wiener Domes.

Zum Schluffe mufs noch mit befonderem Danke die materielle Förderung hervorgehoben werden, durch welche das hohe k. k. Handelsminifterium die Herausgabe diefes im Originale in nur fehr wenig Exemplaren erhaltenen Buches ermöglichte, fowie die Liberalität, mit der die Bibliothek der Stadt Wien das in ihrem Befitze befindliche Exemplar des Heiligthumbuches mit den Nachträgen von 1514 für die Zwecke der Reproduction zur Verfügung ftellte. Die Herftellung der photozinkographifchen Platten und der Druck wurden in der k. k. Hof- und Staatsdruckerei beforgt.

WIEN, 26. November 1881.

FRANZ RITTER.

In Disem Puechlein ist Verzaichent das
Hochwirdig Heyligtüb so man In der lob-
lichen stat Wienn In Osterreich alle iar an
sontag nach dem Ostertag zezaigen pfligt.

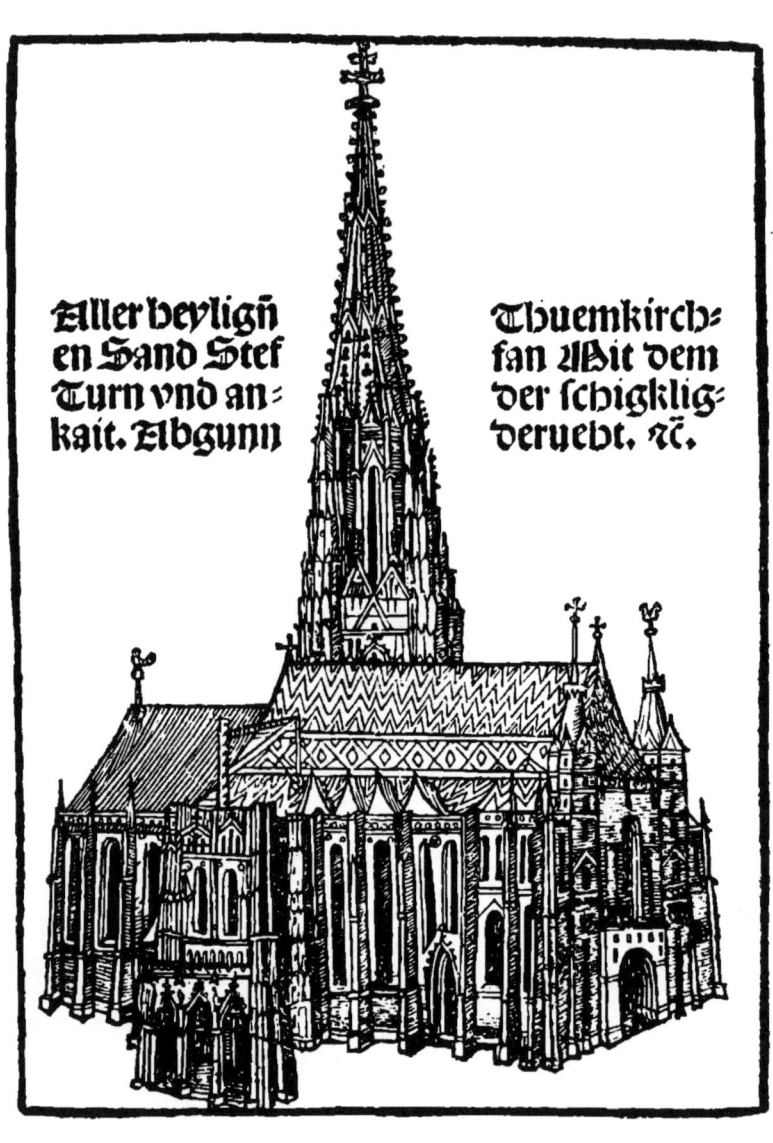

Aller heyligñ
en Sand Stef
Turn vnd an=
kait. Abgunn

Thuemkirch=
fan Mit dem
der schigklig=
deruebt. x̃c.

Die Vorred

Jn dem namen der Ewigen vngetailten vnd aller heyligisten drifaltikait
gots vaters Sones vnd heyligen geysts . dreyer person eins ewigen we=
fen. Amen. Wiewol gar pillich zymlich vnd gepurlich were. Anfanga võ
dem bochwirdigen heyltumb ein schöne Lobrede zethuen. Wiewil es
aber mit kurtzen wortzen mit beschlossen mag werden vnd lang Rede dits
mals nit stat wil haben. darzuc wir auch die gnad tugend krafft vnd trost
desselben heyligtumbs nit genuegsamlich volloben mögen Demnach sol
len vnd wellen wir got den allmechtign in aller diemuetigkait mit andech
tigen berewten hertzen anrueffen vnd pittũ. das er durch sein gotliche ge
nad.die geprechligkait vimserr versteutnifs abwennde vnd vnfer gemuet
barmhertzigklich erlewebte Also das wir difs gegenburtig heyligrumb
vnd das leyden vnsers herrn Jesu christi. Auch die marter vnd das ver=
dienn aller lieben heyligen ansehen zu hertzen nemen vnd betrachtñ Vnd
dardurch das ewig hymlisch vaterlanno erlanngen mogen. Amen .

Anfengklich zumerken. nach dem von den heyligñ vetern
Bebsten Cardinelen Legaten Ertzbischouen vund Bi=
schouen ain grofs merglich anzal Bebstlicher bullen vñ
antlafsbrieue bey dem Lobwirdigen gotshawsS aller bey
ligen Thuemkirchen fand Steffans vorhanden sein. wel=
her Jnnhalte hierinn zubegreiffen verdriefslich zuboren
were Umb deswillen.die gnad vnd ablas in denselbũ brie
uen vermelt in nachuolgendem Kalender angezaitt vnd begriffen Anno
noch vber das in fonderbait ain treffenlicher antlas aus obberurten brie=
uen gezogen vnd beschriben ist. Welber Mensch eins puefwertigen le=
bens.berewten hertzens: vnd gucten fursatz benätes wirdig Gotshaws
fand Steffans mit andacht heimsucht. erlangt gnad vnd ablas tötlicher
fund vnd zwir soml lestlicher wie hernach pegriffen ist

Item Welber mensch in fand Steffans kirchen.das Sal=
ue regina.fo man all Sambstag abent.vnd in der Uasten
all tag Singt. hôret vnd mit anndacht dabey ist erlägt al=
beg ij. MD. rl. tag.
Jtem all Sonntag das gantz iar.Uon dem gotsdienst da
febs zu fand Steffan albeg vj. MD. iij C. lrrr. tag.
Jtem all montag wer:ij. Pater noster. vnd soul Aue maria.allen glaubi=
gen Selen zu hilff vnd trost in fanno Steffans kirchen mit andacht pett.
albeg. iiij.far vñd rl. tag.
Jtem all tag.von dem tagzeiten der korherrn. v. MD. viij. C. lrrr. tag.
Jtem von einer yeden Mefs oder ambt. vj. MD. vj. C. vnd rl. tag.

Item von yeder predig. iiij. M̄. viiij. C. lx. tag.
Item wer nider kniet so der briester wandlt gotsleichnam in der mess vn̄
andechtigklich pett. erlangt. viiij. C. vnd lxxx. tag.
Item von dem aimbt vnnserr lieben frawen so man altag auff vnser frawen
altar singt. albeg. iiij. C. tag.
Item von dē Aeni sctē. so mā zu dem selbn̄ aimbt singt albeg vj. c. lxxx. tag
Item wer vor sand Andre alltar andechtigklich pett. ij. Pater noster. vnd
souil Aue maria. erlangt. iij. C. xx. tag.
Item All freitag von der Respons. Tenebre facte sunt. j. C. lxxv. tag.
Item wer in den Kor get vnd andechtigkleich darin pett. iij. C. xx. tag
Item wer vorm kor vor dem Crucifix iij. Pater noster. vnd souil Aue ma-
ria andechtigklich pett. iij. C. lx. tag.
Item wer vor dem Sacrament mit andacht pett. v. Pater noster. vnd so-
uil Aue maria. ij. iar souil quadragen. vnd sunst lxxx. tag.
Item welber mensch durch sand Steffans kirchen get vnd mit andacht
pett. j. Pater noster. vnd j. Aue maria. v. C. vnd xx. tag.
Item welber mensch in sanno Steffans kirchen allein heiligtumb zu lob
vnd ere spricht. v. pater noster. vnd souil Aue maria. Erlangt von yedem
stugk des heiligtumbs. ij. C. lxx. tag.
Item welber mensch vmb die kirchen get vnd pett mit andacht vmb all
gelawbig Selen der corper da pegraben seind. erlangt. ij. M̄. xl. tag.
Item wer dz hochwirdig sacramēt zu den kragken belait. vj. m. vj. c. xx. tag
Item von blaittung der heiligen Olung. vj. M̄. vj. C. xx. tag.
Item wer iij. Aue maria. knyend mit andacht pett So man aimb morgen
oder abent lewt zum Englischen grues. viij. M̄. vj. C. xl. tag.
Item an hochzeitlichen tegen Christi. Vnnserr lieben frawen. vnd an an-
dern hochzeitlichen tegen des iars. xiiij. iar souil Quadragen. Wer viiij.
iar vnd xij. M̄. iij. C. vnd lxxx. tag.
Item So man das Weiligtrāb zeigt. xvj. iar vnd souil quadragen. Wer
j. M̄. j. C. vnd xl. tag. Vnd vber das ist gar ain treffenlicher Anntlas In-
hallt obberurter brieue vnd insigl auf ail hochzeitlich teg des gantzen iars
gegeben ynder welben viser tag der zaigung des heiltumbs der maisten
ainer ist. Demnach noch gar vil mer gnad vnd ablas darauf geuellet wie
vor in den brieuen angezaigt wirdet.

Amb tag der kirchweich benanter aller heiligen Thuemkirchen sanno
Steffans daran man das heiligtumb zaigt in londerhait. xiiij. M̄. v. C.
vnd xxriiij. tag.
Item welber mensch Ime ain Begrebnus zu sand Steffan erwellt. Er-
langt. v. C. xx. tag.
Item wer bey Begrebnus der Toden ist. ij. M̄. viij. C. tag.
Item wer geschefft thut zu benanter sand Steffans kirchen. Oder rate
vnd billff zu den geschefften gibt. M̄. vnd iiij. C. tag.

Item Am achtisten aller Selen tag von der korherren Selambt v. iar
vnd souil Quadragen

Item wer hilff vnd stewer zwm gepaw oder zier des heiltumbs raichet
od die Capellen vñ alter mit andacht haimsuecht vij.AD.ij.C.vñ ltij.tag

Item wer vmb Stiffter vnd Stiffterin In sonderhait fur all Fursten võ
Österreich andechtigkleich bitt vnd anndere guette wergkh volbzinge
ij.AD.viiij.C.rr.tag.

Item Hertzog Rudolf von österreich loblicher gedechtnuß. hat in der
kirchtur benanter aller heiligñ tumkirchen sand Steffans am hineingen
auf ö Tincken band in der mawer bei des võ Tyrna capeln ainen stain mit
glockspeiß eingenasst darauf sand Colmäs plút do man Im die schinpain
zelagt geflossñi. Darumb auch gar vil heiltúb vermawert ist. Wer sich mit
dem selben stain bestreicht od sich andechtigklich dargegñ naiget erlanket
von ainem patriarchen vnd ir.bischofen albeg von yedem rl.tag todlicher
sund vnd zwir souil leslicher.

Item wer vor der pildnuß der parmhertzigkait vor dem Karnner auff
dem freithof spricht knyend vnd mit andacht iij.Pater noster vnd souil
aue maria. AD.vnd C.tag.

Item Wer da andechtigkleich pitt fur die so den Anntlas erlannget ha-
ben: AD. vnd ij.C.tag.

Item Babst Bonifacius der Newnt gibt allen pueswertigñ menschñ
die an des heiligen fronleichnams tag andechtigklich seind bei dñ vmb-
gang Allen antlas der zu allen kirchen vnd Clostern in der Stat Wienn
an allen hochzeitlichen tegen des gantzen iars gegebñ ist. Auch am ach-
tisten tag gotsleichnäbs eben geleich allen retzuorgeschribñ antlas nach
innhalt ainer Bebstlichen Bulle darumb vorhanden. Was aber noch
vber das auf benanten gotsleichnambs tag.genad vnd ablas von den hei
ligen vettern Bebsten Cardinaln Legaten vnd Bischofen zu bemelt-
sand Steffans gotshaws gegeben ist im Kalender hernach begriffen.

Aber das alles ist das vorgenät wirdig gotshaws aller heiligen Thum-
kirchen sand Steffans mit vil mer treffenlicher genad vnd ablas vonn
den heiligen vetern Bebsten Cardinelen Legaten vnd Bischofen be-
gabt vnd furgesehen daruon lanng zuschreiben wer. vnd aber aus kürtz
vnderwegen beleibt Sonderlich die gar aliten anntlasbrief vnd Bullers
der Innhallt man von allter abgegangner schrifften wegen.nit mer lesen
mag.weib genad vnnd Ablas ain yeder Christen mensch durch peicht
pueß Rate hilff Stewer vnnd andere guete wergk wiendrstet wol mag
erlanngen.vnd Im on zweif darmit ainen weg zu der ewigen seligkait
machen.darzue vnns got der almechtig aus seiner gotlichen Barmher-
tzigkait an vnnserm lesten ennde genedigklich eruordern vnd auf nemen
auch vnns der hymlischen freid iñ der ewigkait nit verzeihen welle.

a iij

Die Form vnd gestaldt des heyltumbstuels.

Hernach ist in Figuren vnd Schrifften klerlich angezaigt
wie das hochwirdig heyltumb benanntter aller heyligen
Thuemkirchen sand Steffans in der Loblichen stat wien
des Ertzhertzogtumbs Osterreich aus alltem herkomen
vnd Loblicher gewonhait alle Jar ierlich Sontags nach
dem Ostertag gezaigt wirdet. Mit diser ermanunng das
ain yeder mensch auf sich selbs aufmercken habe. kain Ge-
drang Aufrur oder geschrai anfach. darinit niymand in seiner Andacht ge-
irret noch verbindert werde. Vnd die menschn dis hochwirdig heyltůb
mit seiner gezierde andechtigklich vnd mit berewtem hertzen anschawn
Auch was ain yedes Stugk sey. vnd das Lobgesang so man darzwischen
volbringt. horen vnd bedenncken vnd sich des grossen Anntlas tailhaftig
machen moge. Nachmals all christenlich mennschen ermonend got den
allmechtigen mit oyemutigñ hertzñ anzeruessen vnd zupittñ das er durch
sein gotliche genad all geprechligkait vnd Mangl der gemainen Christen-
bait barmhertzigklich abwende. Den heyligen gelawben beschutz vnd
nit in abnemmung kommen lass. Darnach vmb gotswillen fleissigklich
zupitten vmb all menschen Lebendig vnd tot die got dem allmechligñ der
Lobsamen Jnngkfrawen Maria vnd allen lieben heyligen zu Lob rnnd
ere. ir Rate billif vnd Stewer zu geziert vnd merung dels Loblichen heil-
tumbs geben haben vnd noch kunftigklich gebñ werden. Got der allme-
chtig welle den Lebentigen ain glugkseligs wesen hie auf erde. Vnd den
toten die ewig Rue vnd seligkait verleiben. Auch in sonnderhait nach
ainem yeden vmbgang oder procell pitt man mit namen vmb all Stiffter
vnd Stifferyn des wirdigen Gotshaws vnd nemlich vmb all ander die
ir Hillff vnd Stewer zu disem heyltumb geraicht vnd geben haben. die
bierynn mit namen zubegreiffen nit not sein.

Hernach volgñ die acht procession oder
vmbgeng des heyltumbs mit Jren Fi-
guren vud schigkligkaiten in ainer ord-
nũg nachainander. Ain yeklichs stuck
in sunderhait mit fleis abgunterruecht.

Der Erst vmbgang

Singt man die Respons.Hoc signū crucis

Am Ersten wirt man euch zaigen das heyltumb
das vnserm herrn Jesu Christo zuegehort das solt
Ir mit Bedechtnus seins Heyligen leyden In
danngkperkait Andechtigklich Sehen.

In Silbrein pilonus vn
sers haylmachers Jesu
Christi Darin hernach
geschribn Stuck. Item
Des Stains darin das
heilig kreytz gestāden ist
Des stains darauf xps gestanden ist zu ð
tauf im Jordan . Des stains darauf xps
gestandon ist so er mit moyses geredt hat.
Von dē stain darauf christus stnend vñ
vber das volgk den segen gabe. Von dē
sant vnd erden des iordan. Von der gul-
dein portñ. Von dem agker gekawst võ
den xxx.pfenning darumb xps verkawst
ward. Von der Cronn darauf xps seinen
plütigen schwaiß vergossen hat. Etlich
tropfen des wunderlichñ pluts xpi so võ
ainē stich ains Juoñ mit ainer lantzñ in
ain Crucifix getan heraus Geflossen ist
welhe lantzen hernach gezaigt wirdet. Von dem prat des abendessñ xpi.
Von dem furhang des Templ Salomonis der sich zerais zu der zeit der
marter christi welhen Maria mit aigner hand gewarcht vñ in den templ
Geopfert hat. Vonn dem vngeneten rogkh christi. Vonn dem scheffltein
darin xps mit seinen Jungeren auf dem mer gefaren ist. Von dem prat das
vberbeliben ist den funf tawsent menschñ gespeist võ xpo. Von der kertzen
die dy stat Jerusalem verprent hat. Von dē hymlprat das den inden in der
wuest von hyml gegeben ward. Des weyrachs der heyligen drei koenig.
Vnd von der Stangen der heiligen Lanntzen damit Christus in sein hey-
lige seyten gestochñ ward mit anderm heyltumb.

Darnach werdet ir sehñ xxxviij.kreytz mit Silber vnd gold gezieret darin
manigfeltigklichñ des holtz des heyligen kreytz mit vil anderm heyltūb.

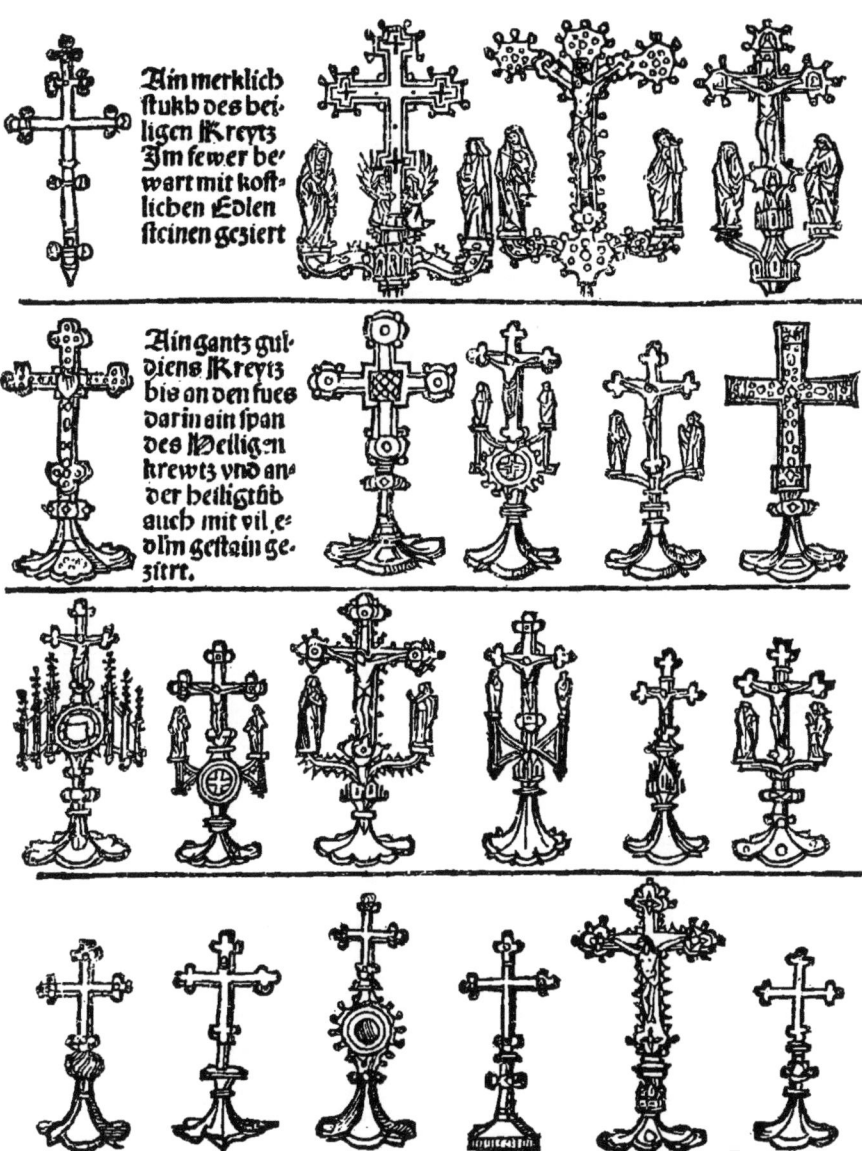

Ain merklich
stukh des hei-
ligen Kreytz
Im fewer be-
wart mit köft-
lichen Edlen
ftcinen geziert

Ain gantz gul-
diens Kreytz
bis on den fues
darin ain fpan
des Weilligen
krewtz vnd an-
der heiligthb
auch mit vil e-
dlin geftain ge-
zitrt.

Ain Guldein
kleinat vmbge
bñ mit perlein
darin von dem
heiligñ kreütz

Ain guldein Plenari
mit Edlem gestain dar
inn der gerten mit den
Christus Jesus an der
Sewl Gegaiselt ist
worden.

Ain silbrein vergulte mon-
strätz geschikt als ain kreytz
darynn auch der gerten mit
den der herr gegaist ist wor-
den Auch der klaider christi
vnd des stains von dem der
herr Christus gein Hymell
ist gefaren.

 Ain Silbrein plenari mit ainem ölperg dar-inn ain stain von dem Grab Christi. Auch das heyltumb Sand Andre vnd sand Kathrein.

 Ain silbrein ple-nari mit ainer weitñ perlin dar inn des heyligen krewtz mit vier heyltumb.

 Ain silbrein vergulte mon-strätz darinn des heiltumb von dé grab Christi. auch S. Jacob des merern vñ S maria magdalen.

 Ain silbrein ver-gulte möstrautz darin dz heiltüb von d Seyl. dar an xps gegayslt ist wordñ. vö dé grab xpi. von dé manntl xpi. vnd vil ander heilig-tumb.

 Ain silbrein ver-gulte peetoul mit Edlem ge-stain vnd perl geziert darinn von dem heili-gen kreytz vnd vil ander heil-tumb.

Der annder vmbgang.

Singtman die Respons. In möte oliueti.

Aber wirt man euch zaigen das heyltumb
das vnnserm herrn Jesu Christo zuegehört.

 Ain Guldein monstrátz dar inn drei dorn aus ö dorneyn kron vnsers herren Jesu christi.

 Ain Silbrein vergulte mon strantz Auch drey dorn aus der vorgenann ten kron.

 Ain silbrein vergulte mö strantz darin ain dorn aus der kron xpi.

 Ain Silbrein möstrantz ver gullt darin ain dorn aus der kron. vñ Des vngenetñ rogk vnd des pur purn gewáds Christi.

 Ain silbrein v gulte möstrátz darin ain dorn aus der kron mit annderm heiltumb Je su christi. auch vnnser lieben frawen.

 Ain guldeine möstrátz darin des tuchs mit dem ö bef xps vmgeben ist wordñ an dem heiligñ kreytz auch darin al ler zwelfpoten heiltumb.

 Ain Guldein möstrátz darin des schwambs der vnserm her ren Jesu Chri sto an dé heili gen krutz ist ge raicht wordn mit essig vnnd gallen.

 Ain Guldein plenari darinn von dem heyl tumb des plü tigen schwais Christi.

 Ain guldein plenari darin das beyltüb von der Be schneidunng Christi.

 Ain vergullte möstrantz dar in ain nagel da mit der bef an das krewtz ge nagelt ist wor den.

 Ain Plenari mit ainem sil brein vergulti plech darynn des vngenetñ rogks vnd des leburtztüchs christi mit mer heiltumb

 Ain Silbrein vergulte mon strantz darinn von dein pur pnrñ Rogkb Christi.

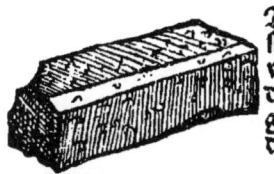

Ain Mercklich
stugk des stains
von der Sewln
daran Christus
gegaiselt ist wor-
den.

Ain wolgeziert
gros plenari dar
inn die wintl mit
den Christus ein-
gewickelt ist ge-
wesen in der krip-
pen.

Ain wolgezierts
vergults plenari
darinn des Tisch
tuchs auf dë der
herr Jhesus mit
seinen Jungeren
das lest abentes-
sen hat geessen

Ain silbrein ÿgult
monstrantz darin
des tuchs in dem
der herr Christus
geopfert ist in den
Tempel.

Ain paten ge-
sprengt wun-
derlich mit
plut

Ain lantzen so
ain Jud in ain
crucifix gesto-
chen hat ge-
sprengt wund-
lich mit pluet

Ain silbrein ÿ
gulte mösträtz
geschigkt als
ain straussen ay
darauff sannd
Barbara pild
darin von dem
grab rpi mit
anderm heyl-
tumb.

Ain monsträtz
darin des mir-
ren vñ des wei-
rachs aus dem
grab Christi.

Ain silbrein ÿ
gulte mösträtz
darin des hey-
ligen Crewtz.
Auch heylig
tumb võ sand
Georgen vnd
von sannd Au-
gustin.

Ain Plenari
mit ainer ma-
yestat: darinn
vil partigkell
mit heiltumb

Ain cristalline
monsträtz dar-
in des ertrich
mit dem Chri-
stus bestrichñ
hat die augen
des plintgebo-
ren menschen.

 Ain silb:ein ver-
gulte monstrantz
mit der pilonuss
vnsers besen vñ
vnser frawen dar
inn von dem mes-
ser da mit Chris-
tus beschniten ist
worden.

 Ain wolgezierts
gross plenari sil-
bercin vergulte.
darinn das tuech
darynn der herr
Cristus im grab
gelegen ist.

 Ain Silbrein vergullter Kopff daryn von dem Tisch darauff
vnser herr Jhesus Christus mit seinen Jungeren das abent es-
sen gehalten Und des Brots des seyn heylig Junger mit
Jmigeessen. Auch von den Ro:stangñ da mit Jm die Juoñ
die kron in sein heyligs hawbt getruckt haben.

Der drit vmbgang

Singt man die Respons. Felix namqz.

Nun wirt man euch zaigen das
heyltumb vnser Lieben frawn.

 Ain guldeine Monstrantz Darynn des hars der iunkfrawñ Marie

 Ain Krewtzll das vnser liebe fraw nach der auffart Christi an irem bertzen getragen hat

 In ainer Silbrein vergulten monstrantzen des Schlairs vnnser lieben frawen

 Ain Silbrein klaine plenari darynn auch des Schlairs vnnser lieben frawen

 Ain gros Plenari mit ainem Glas darynn vnser lieben frawen schlair den sy vnnder dem heyligen Krewtz getragen hat.

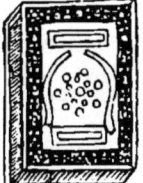 Ain klains plenari,mitten ain hefftel mit perlein.darynn von der pfait:gurtel vnd schlair vnser liebñ frawñ

 Ain schweresilbreine vergullte tafel.darynn das heyltumb vnser lieben frawñ vñ der Heyligen zwelffpoten.

 Ain Silbreine vergulte monstrantz darynn das heyltumb vnnserr liebñ frawen mit mer andern heyltumb.

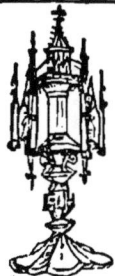 Ain silbreine vergulte monstrantz Darynn vnnserr frawen gurtell.

 Ain Silbrein pild sand Anna darum ir heylig tumb. auch von ainer ripp sand Regina. darzw S. Fortunat vñ verone der iunk frawñ beiltúb.

 Ain Silberein vergulte Mon strantz mit ai ner parillen dar inn võ dem má tel vnnser lieben frawen.

 Ain silbrein ver gulte monstrátz darin der gurtl vnd ander heil tumb von vnn ser lieben frau wen. auch sand Margarethen heyltumb.

 Ain Silbrein vergulte mon strantz darinn võ dem schlair vnd gurtl vnn ser lieben fra wen.

 Ain Silbrein Wild Marie mit irem heyl tumb.

 Aber ain Sil brein pild ma rie mit vil heil tumb.

 Ain klaine mõ strantz. In der mitt ain scheyb ligs glas. darin beiltúb von vn ser lieben frawñ vnd sannd Ka therein.

 In ainer Sil brein monstrátz von der Gurtl Marie. Auch beyltumb von dem plut sannd Steffan vnnd sand Georgen.

 Ain Silbrein vergulte mon strantz: gehŏt zu dem Sacra ment. Darinn vnnser frawen beiltumb.

 In ainer paril lein monstrantz der saon die ma ria gespunnen bat vnd von dē baubt sannd pe ter õ das Sal ue gemacht bat

 In ainem hal ben straw ssen ay etwas ver gult das beilg tumb vnnser lieben frawen vnd sand Mē lene.

 In ainer vgul ten monstrantz vorn mit ainer scheibling pa rilln von dem grab Marie. auch beiltumb sand Anna vnd sand Barbara

In aineͤ paril=
lein kopsi mit
silber geziert
vnͤ ḣgullt dz
heiltũb marie
Sanno Lien=
barts vnd der
ħ. M. maid

Aber in aineͤ
parillen kopsi
vó dem vegk=
lach vnser lie=
ben frawen
vnd des har
marie magda=
lene.

In ainer Sil=
brein mͦsträtz
mit ainer paril
len gescheibt
des rogks ṙpi
vñ des schlaus
vnser frawen.

In Ainer
Greiffnkloe
darauf sand
Georgn pilo
Vonn dem
schlair Ma=
rie mit mer
beyltumb.

In ainer sil=
brein ḣgultñ
grofken mͦ=
strätz gebo=
reno zw deͤ
sacrament
beyltũb vͦ
vnserr fra=
wñ vnd S.
Georgen.

In ainer Silbren hohen Monstrantz geschigkt als
ain Thurn vonͤ Gurtl vnserr lieben frawen die sy
mit Jren benden gemacht hat. Von dem kynpagken
kaiser Hainreichs. Sand Tropbin vnd sand Anna
mit mer beyltrumb.

In ainer m S.
stronts mit ai=
ner Coraln dz
heiltrumb vn=
ser lieben fra=
wen. Sanno
Valetin mit
mer heiltũb

Ain silbrein ver=
gults mͦstrentzl
darauf vnserfrau
wen pilo. Darin
vnser frawñ har
vñ vó ir gurtl. vó
stain damit man
sand Steffan ver
staint hat mit vil
mer beiltumb.

In aineͤ Sil=
brein ḣgultñ
pacifical mit
deͤ englischen
grufs vͦ dem
Slair marie
ſ innckfrauñ
vnd von dem
pett marie.

Der viert vmbgang.

Singt man die Respons. fuerunt sine querela.

Nun wirt man euch zaigen das Heyltumb der Heyligen zwelffpoten.

Von Erst zway silbrein pild der heyligen zwelffpoten S. philip vnd sand Jacob mit irem heyltüb

Ain Monstrantz von perlmuter darauff ain weisse plum darinn ain Finger des Heyligen sand Andre.

Ain guldener Adler darinn das heyltüb S. Johans des heyligen zwelffpoten vnd Ewangelisten.

In ainer altn mösträtz darauf ain dryeckete plum. vo dem krewtz sand Peter vnd des heyltübs S. pauls.

Ain silbreins vergultes pild sand Johans des Tauffers darinn sein bei heyltumb

In ainer Silbrein vergultn möstrantz mit einem bawbt auf ainer schussel. das heiltüb S. Johanns des tawffers

In sannd Johans pildonuss silbrein vn vergult Von dem Arm sand Johans des tauffers ain michler tail.

In ainer Silbrein vergultn möstrantz mit zwein Turnen von de hawbt vnd ain Zand sand Johans des tawffers.

Ain hohe silbrein vergulte monstrantz mit eolin gestaim. darinn das heyltumb der heyligen zwelffpoten sand Philip vnd Jacob Des heiligen krewtz S. Barbara. S. wentzla vn S. Procopi.

In ainem
Silbrein vb=
gultñ prust=
pild. von dē
baubt sand
Andre des
zwelfpoten

Ain kreltz
vonn dem
holtz dar=
an sand an=
dre gekrew=
zigt ist wor=
den.

In Ainer
Silbrein
vergulten
mostrantz
vonn dem
baubt S.
Jacob des
mercrñ.

Ain prustpild
von dē baubt
sannd Jacob
des myndern.

In ainer Sil=
brein mostratz
mit perlmuter
vergult darauf
ain ban. darin
des bawbts
sand barnabe.

In Ainer sil=
brein vergultñ
monstrantz vō
dem Arm der
zwelfpotñ sand
Philip vnd
Jacob.

Ain arm sannd
Bartlme Be=
ziert mit silber
vnd gold.

Ain silbreine
vergulte mon=
strauntz Mit
zwain Englñ
darinñ dz beil=
tumb s. bartl=
ine vnd s. Ua=
lentin.

Ain silbrein vb
gulte mostratz
darin das beil
tüb sand An=
dre. sand Ach=
aci vnd seiner
gsellschafft.

Ain allte Sil=
breine vergult
monstratz mit
zwain Englñ
darun vō der
rip sand bartl
me.

Ain silbrein vb
gulte mostratz
binon mit perl
mueter darinn
das beyltumb
sand Marg vñ
sand Ucit.

In ainē strauß
senav geziert
mit silber dar
inn dz beiltüb
sand Peter s.
pauls. s. steffan
vnd s. Erasm.

 Ain silbrein möstrátz darinn das heyltumb sand peter vnnd von dem öl sannd kathrein.

 In ainer Silbrein vgultn möstrátz oben vieregket mit dé anplig vnsers hefn darinn S. Andre S Christoffen vñ S. helena heiltumb.

 Ain silbrein vgult plenari mit vnser frawen pild in der mit darzu dz heiltumb aller zwelffpoten.

 Ain guldeine. monstrátz mit ainem grossen gamabö darin das heyltumb sand Marten des Ewangelisten.

 In ainer Silbrein vergulten möstrantz das Messer sannd Bartlme. vnd von dem Arm S. Steffan.

 In ainer Silbrein möstrátz heiltumb sand Andre. sand lucas. sand Georgn vnd sand Theodorus welher sand georgn bruder ist gewesen.

 Ain Silbrein vergulte monstrátz mit ainer Cristalln darinn heiltumb von sand Bartlme vnd von dem grab Lasari.

 In ainem grossen silbrein vergulten pectoral mit ainé Crucifir. von der rip S. Bartelme. vnd das heyltumb sand Augustin.

 In ainé weissen pacifical heyltüb sand Thoman des zwelfoorn. S. Corbinian S. Ulrich. S. Desideri. s. Calirt ains babsts. S. Clementen vñ S. mauritzn. Auch die birnschal S. Quirin vnd S. Bernharts Rogks.

Der Funfft vmbgang.

Singt wan die Respons. Ysti sunt sancti.

Nun wirt man euch Zaigen das heyltumb der heyligen Martrer.

Ain Silbrein vergults pild vnsers haubthefn des erstñ martrer sand Steffan. darin ain tail seins Armbs. Auch zwen arm sand Tiburtz vnd Valerian. vnd der arm sand Theodosi auch der arm sand Maulin mit mer heyltumb.

Ain engel silbrein vgult mit ainer scheybling Marilln Darinn des thuchs darin sand Steffan verstaint ist worden.

Ain silbrein mösträtz vergult Darinn ains staiws mit dem sand Steffan verstaint ist worden.

Ain silbrein vergult monstrantz von perlmuter Darauf sannd Steffans pild. darinn ain stain mit dé sand Stefan verstaint ist worden.

Ain Silbrein vergnllte monsträtz mit sand Cristoffen ripp

Den Arm sand Lorentzen in silber geuasst vnd vergullt.

Den arm sand Vincentzen in Silber geuasst vnd vergullt.

Den Arm sand Veit auf ainer silbrein vgulten mösträtz

Den Arm sand Colman in Silber genasst vnd vergullt.

Ain silbrein möstrantz. darauff ain arm Sand Georgen in silber geuasst.

Ain Silbrein pild sand Sebastian. an ainer silbrein vgnltn sewl darum seinheyltumb.

 Ain silbrein vgults pild Sand Steffans mit seinem beiltüb

 In ainer hohen silbrein möstrátz mit ainer parilln sand pangratzen bawbt

 In ainem vglasten Silbrein vergulten Sarch zway bawbt Cosme vnnd damiani.

 In ainem verglasten sarch zway vnschuldige kindl.

 In ainem Criftallein Sarch zway baubt ó zehen tawfent martrer. das beyltumb Gernafy vnd protbafy vñ afpiris der martrer. Auch von dem arm hermetis des martrers.

 In ainem verglasten sarch dz schwaistuch sand Fridrichs dz schwaistuch S. Sophie auch drcier Hügkfrawñ aus den rj. MD. iügkfrawñ. auch heiltüb sand Elizabeth Archemie vnd Cóftantie.

 In ainem ftaynnen Sarch der leichnam sand Deicoli. dabey das beyltumb patricy vñ marcelli ó mattrer vñ f. Corpofon ains prifters.

 Ain Silbreins pild sannd Georgen. Darinn ronn feinem bawbt.

 Die Pfait sand Seorgñ.

In aine schwaren
sarch mit silber be
schlagen vnnd ver-
gullt die leichnam
d̕ heiligñ martrer
Johãnis vnd paü
li Geruasy vñ pro
tasy Felicis vnnd
Adaucti.

Aber Jnn ainem
schwaren Sarch
mit silber beschla-
gen vnd vergult d̕
leichnam der hey-
ligen martrer sand
Urban. Trophin
Theodori vñ So-
phie.

Ain silbrein maria
pild Darinn das
heiltüb sand Ge-
orgē.d̕ aindlestaw
send maid.vñ sand
Felicitas.

Ain greyffenkla mit silber
beschlagen darauf sand Col-
mans pild vergullt Darynn
von Sand Colmñan arm von
sand Georgen hawbt.Und
das heyltüb kaiser bainrich.

Ain greyffnkla mit silber beschla-
gen vergullt darauf sand Cristoffñ
pild silbrein vnd vergult. Darinn
von den bawbtern Geruasy vnd
Prothasy der heiligen Martrer
Auch heiltumb der zebentausent
martrer.

In siner Sil-
brein mösträtz
heiltumb sand
Uincentzñ vñ
sand bernhar-
din.

Ain silbrein
monstrantz
darinn sand
Achacj mit
seiner gesel-
schaft.auch
S.Sebasti
an vñ fabiã
heiltüb

Ain Sil-
brein ver-
gulte mö-
strätz dar
in s.laren-
tzen vñ an
der heyl-
tumb.

Ain silbrein pild sand stef-
fan Darinn des stains da-
mit sand Steffan verstaint
ist wordñ.Auch s.Theo-
dori s.Georgñ bruder heil
tumb sand Lazarus pischof
vnd martrer.vnd der heili
gen syben brueder genant
die siben slasser.

Der Sechſt vmbgang.

Sing man die Reſpons Abſterget.

Nun wirt man euch zaygen das Heyl-
ltumb der Heyligen marterer.

 In ainē ſilbrein
vergulten pruſt
pild dz haubt ſ.
vrbā des babſt
vnd martrer dz
heiltumb ſand
Sixt vñ des
haubt ſanno
Zenopy.

 Aber inn
ainem ſil
brein ver-
gultnpru-
ſtpild des
haubts ſ.
Ypoliti
des mar-
trer.

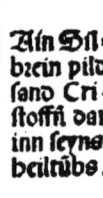 Ain Sil-
brein pild
ſand Cri-
ſtoffi dar
inn ſeyns
heiltūbs.

 Ain ſilbrein mö
ſtrantz darauff
ſannd Sixten
pild dar in ſand
firtñ haubtſand
Laurentzn ſand
vincentzen vnd
ſand Ypolit.

 Ain ſilbrein d
gulte möſträts
vorn mit ainē
glas.darin võ
dē haubt ſaud
Sebaſtian vñ
ſand Fabian

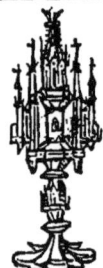 In ainer Sil-
brein vergultñ
monſtrantz ain
zannd ſannd
Quirin auch
ain zannd ſand
Barbara.

 In ainer ſcheyb
hgū möſträrz ſil-
brein vñ vergult
binden mit perl-
muter.das heyl-
tumb ſand Stef-
fan S.Larentzñ
S.Ulrichs S.
marxerñ vñ S.
katlxein.

 In ainer Sil
brein vergul-
ten moſtrantz
das heyltūb
ſand Achacij
vnd ſeiner ge-
ſelſchafft.

 In ainer möſtrantz
geſchikt als ain han
auf aine ſilbrein ver-
gulten fueſe võ ame
arm ſ.ſebaſtian.das
heyltūb ſand criſtof-
fen ſand Jeronimus
ſand lucas des ewan
geliſtñ vñ Sant veit

Jn ainer Sil=
brein mösträtz
allsein ban. das
beiltumb sand
mauritzn auch
vonn der wid
Sannd Col=
mans.

Jn ainem ge=
zierten straus=
senay darauf
Sand Blasi
pild mit seine
beyltumb vñ
S. agnesen

Jn ainem
grossñ horn
dz beyltüb
Sand eu=
stachy.

Jn ainē halbn
strawssñay das
hawbt Sannd
leodogari eins
bischofs vnd
martrer.

Jn ainē gezier=
tñ strawssenay
das beyltumb
Sand larentzi
sant lamprecht
vñ Sãd lucein.

Aber in ainem
getziertñ straus
senay das beyl=
tumb Sãd Jn
lian des mar=
trer vñ von dē
rogk Sand an=
thoni.

Jn ainem wol=
geziertñ straus=
senay darauf ein
pellican darin
ein all S. Erasm

Jn ainer Sil=
brein vergultñ
monstrantz dz
beyltumb Sãd
larentzn. se nd
cristine vñ der
aindleftawsent
Junkfrawen.

Jn ainer Sil=
brein vergulten
monstrantz mit
ainer Cristallen
das beyltumb
Sand larentzn
vñ von dem auch
Sand Niclas.

Jn ainem Cris
tallein kopslein
sand mauritzn
beyltumb.

Den Spies
sand Georgñ.

Ain Silbrein
Pild S. Ge=
orgen auf aine
silbrein vergul
ten sua mit sei=
nem beyltumb

Die Lan
tzen sand
mauritzn

In ainē wolgeziertn criſtallein ſarch
dz heiltūb Fortunatie ainer iūgkfra-
wen vñ martrerin. Carponi vñ Ene-
gaſti vnd priſtiani irer brud . von dē
leichnā ſand kunigund ſ. wilmoidis
ainer iungkfrawen. ſand Otli ſand
Cordule ſand Irmigaldis der iungk
frawen. auch dabei iren kinnpagken
dz haubt ſ. Juſtine. den arm ſ. Maurici. den arm ſ. foſeſſian. den
arm ſ. gebbard ains abbts. dabei von ſeiner albn vnd bumeral
den arm ſand Cordule. vnd heiltumb ſand Wilhalm.

Aber in ainem Criſtallein ſarch die arm Canciani Cancionilli
der martrer. Den arm Juſtine der iungkfrawen. Den arm
ſand Thuringi. Ain Rip Albini ains biſchofs von Brich
ſen. Den arm ſand Wilhalm. Den arm ſand Vincencie ainer
iungkfrawen. Der ketn ſand Clementis. Ain al ſand Eraſm
vnd ſand Otilia pfait.

In ainem groſſen ſilbrein ſarch dz hawbt ſand
Andre. Aus den zwain vñ ſibenzig Jungern
Des heiltumbs ſand Sixten vnd ſand Gre-
gori nazazeni. Das hawbt ſand Wachi. Die
hawbt Pruni vnd Feliciani der martrer. dz
hawbt ſand Zenopi. ſand Leontin. Das heil-
tūb ſ. Victor. ſand Candidi der martrer. Vier
leichnam der zehen tawſend ritter. Der leich
nam Maximini. ſand Columbin. Ain tail des
leichnambs ſannd Marx des Ewangeliſten
Und der arm ſannd Paulein.

Der Sibent vmbgang.

Singt man die Respons. Sint lumbi.

Nun wirt man euch zaigen das Heyl-
tumb der Heyligen Peychtiger.

 Uon Erst ain silbrein hohe mõsträtz darin heiltumb sand Jheronimus vnd sand Augustin.

 In ainer Silbrein vergultñ monsträtz ain Zannd sannd Gregori vnnd ain Zand sand Agatha.

 Ain silbrein schulter arm darinn õ arm sand Niclas

 Ain silbrein arm darinn der arm S. Procopi.

 Ain silbrein arm vnden vergult dar inn der arm S. Sebold.

 In ainē silbrein ver- gultñ sarch die schulter sand Maximiliau.

 In ainer cristallein mõstrantz die hand sannd paternian mit dem fleisch

 Ain Silbrein mõstrantz dar- inn sand Steffan des kunigs von Hungern arm.

 Ain Silbrein vergults pild s. Niclas mit sei nem heiltumb

 In ainer Sil- brein mõsträtz vergolt. oz kin pain sand Wilholm.

 In ainer cri- stallein mon strantz võ dem arm sand Erhards vñ her metis.

 In ainer Sil- brein vergultñ mõstrantz dus heiltumb sand Ruckprechts Uictoris viro Fabiani.

 In ainer Silbrein vergultñ möstrantz das heiltumb sand Anthoni sand Kungund vnd sand Agnes.

 In ainer monsträtz von perl muter oz heiltüb sand Martein.

 In ainer Silbrein vergultñ möstrantz des Rocks sannd marcell.

 In ainer silbrein vergulten monstrantz mit ainer schellen das heiltumb sand Uirgily sannd Sigmund vnd sannd Lerentz.

 Ain silbrein vgulte möstrat darauf ain Crucifix.darinn das heiltumb sand Wolfgang vnd sand Barbara

 Sannd Rueprechts kelch mit ainer Paten.

 Ain bultzeiner kopf sand Ulrichs.

 Sand vlrichs schwert.

 Kaiser karls schwert.

 In ainé silbrein vgstltë krewslñ das heiltumb sand Oswald sand Cristoffen vnd sand Tecle ainer iungkfrawen.

 In ainem cristallein kopfen das heiltnmb sand albrechts

 Aber in ainem cristallein kopflein oz heiltüb Lucy ains kunigs von Enngelland.

Jn ainer silbrein vergulten Kepfen das heiltüb sannd Gregori.

Jn ainer silbrei möstratz dz heiltumb S. Siluester S. Niclas s. Augustin S Bndict S. Marcis vnd S. meinrad.

Jn ainé beinstenpainen sarch ö leichnamb Sand Fridellin. auch der leichnam sand Jerene.

Jn ainé Joi pidein sarch dz heiltumb S. morand Antbonij des großern Sebaßiani Fabiani vñ Wimeri.

Ain parillein möstratz dar in S. Niclas S. wolfgang Kaiser bain richs heiltüb vnd von sand vrbans finger

Jn ainer Silbrein Monstratz des von sand vlrichs vö dé leichná S. Fridellin vñ heiltumb der vnschuldigö kindlen

Ain silbrein pild sand Leopolds darinn heyltumb vö der Archen Noe.

Ain Silbreins pilöl sand Ludwige darinn dz heyltumb des heiligen Sand Gilgen vnd S Dyonisy.

Jn ainé silbrein gezierten arm ain Rip sand Ualteins des martrer. ö arm Longini des ritters. Und ain arm sand Symeon.

Der Acht vmbgang.

Singt man die Respons. Regnum mundi.

Nun wirt man euch zaigen das heyltumb der heyligen Junngkfrawen.

 Ain silbꝛein pild ſand mar-
greten darinn
beiltumb der
aindlef tau-
ſend maid.

 In ainem ſil-
bꝛein vergul-
ten pꝛuſtpild
des haubts
ſand Barba-
ra.

 In ainem ſil-
bꝛein vergul-
ten pild auff
ainem ſnel
das heyltüb
ſand Doꝛo-
the.

 In ainem ſil-
bꝛein vergul-
ten pꝛuſtpild
võ dẽ haubt
ſannd Agne-
ſen.

 Aber in ainẽ
ſilbꝛein ỹgul-
ten pꝛuſtpild
des haubts
ſand Regina

 Ain Silbꝛein
pild ſand Ag-
nes darin ireſ
auch ſ. Adel-
bild der iunk
frawen vnnd
ỡ rj. tawſent
maid beſtrüb

 In Ainer ſil-
bꝛein vergulñ
möſtrantz ein
ripp ſand Ma-
ria magdalene

 In ainer ſilbꝛein ver
gulten Monſtrantz
ains fingers ſand ka-
threin. Des Golds
der heiligen dꝛei ku-
nig. auch des golds
das ſand Niclas hat
gebñ den Tochtern
des armen mans.

 Ain Criſtal-
lein möſtrátz
darinn zwen
Finger ſand
Margreten.

 In ainer Cri-
ſtallein Monn
ſtrantz von dẽ
arm ſand Eliſa
beth.

 In ainer Sil-
bꝛein vergultñ
monſtrátz der
Klaider ſand
Elizabeth.

 In ainer Cri-
ſtallein Mon
ſtrátz. Des tu-
chs darin ſand
Katherina en-
thawbt iſt woꝛ
den.

 In ainer Cristal lein monstrantz daraufain krew tzl. das beyltüb sand Petrnoell Concordie vnnd Cordule.

 In ainer Crissal lein monstrantz darauf ain kreytz Das Kinpain sand Agathe vñ beyltumb sannd Florentz.

 In ainer cristal lein klain mon- strätz.des hars Marie Mag- dalene. Auch des hars sannd Cecilie.

 In ainer Silbrein vergulten Monn- strantz geschickt als ain Thurn dar- inn das beyltumb sannd Ursula mit annderm heiltüb.

 In ainer mö- strancz mit ai nem pruftpild des hawbts sand Ursula.

 Ain siilbrein vgulter arm Darinn der Arm sannd Helena.

 Ain silbrein v gulter arm dar um die bannd vnd der Arm sand Ewfemia

 In ainer Sil- brein Monn- strantz mit ai ner parilln das heiltumb sand Agnesen.

 In Ainer Sil- brein vergulten möstrantz dar auf sand Mar- gretn pild. das heiltumb sand Margreten.

 In ainé horn mit ainer iuk frawen pild des haubts sand Barba ra.

 In ainer klei nen parillein monnstrantz das beyltüb potentiane o Junkfrawñ

 In ainer sil- brein Mon- strätz dz heil- tumb Sand Otilia sannd Kunngund Felicie vnnd Adaucti.

 In ainem Sil
brein vergultn
krewst dar auf
ain plab stain
das heiltumb
sano katbrein
vnd sano Ag-
nes.

 In ainer Sil-
brein vngulten
viereckctn mö-
strätz das heyl-
tüb s. Lucia vñ
der xj. Tausend
Junnkfrawen.

 In ainer Sil-
brein mösträtz
das heiltumb
sano Anna. vo
dem Röst sand
Larentzen vnd
sano Lienbartz

 In ainem wolge-
zierten sarch der
fues sand Marin
ainer iügkfrawn.

 In ainer hohen Sil-
brein vergulten mon-
strantz das heiltumb
sano Felicitas mit
mer heyltumb.

 In ainer neu-
wen Silbrein
Monstrantz
der arm sano
Justine.

 In Ainer Sil-
brein mösträtz
das heyltumb
sano Kethrein
vnd sano Do-
rothe.

 In ainer belfenpey-
nein monstrantz das
heyltumb sand Do-
rothe. ó xj. tawsend
maid. vnd sano Fe-
rona ainer Junnk-
frawen.

 In ainer Silbrein
mösträtz heyltumb
von der stat dar an
Christus geborn ist
Auch Heyltumb
vnter liebn frawen
S. Cristof. S. Ge-
orgen. S. Niclas.
vñ S. Dorothe.

 Ain silbrein
pild sano Ka-
threin Mit
irem heiltüb.

In ainer silbrein mö-
strätz mit drein ver-
gulten pilden heiltüb
sano Margretn. vo
dem kreytz sano pe-
ter vnd sano Bartl-
me mit mer heiltüb.

Ise yetz angezaigte heiltumb stugk vñ klainet sind alle in der Schatzkamer benantes wirdigñ gotshaws aller heiligenn Thuemkirchen sand Steffans behallten beschlossen vnd bewart Noch vber das habe die Erwirdigen hochgelerten Ersamen vnd geistlich herren.die korherren Beneficiaten vnd briesterschafft der selben kirchen besonder vil heiltüb kreytz monstrantzen pild vnd andere klainat auch sand Steffan zuegehorig die hieryn mit sambt aller Clöester vnd andere gotshewser heyltumb vñ klayneten ausgeschlossen vnnd in diß puchl nit gedrugkt sein.In sonderhait zumerglien das noch dreyer heyligñ Cörper mit namen Sand Steffan von armenia.sand Conrat vñ sand Ymbricus kirchfetter in ainem Sarch vngenasset vñ sonst ain vnschuldigs kindl noch vnuerwesen vnd funf haubt der ainelefftausent mayd auch ein heyliger preichtiger Sand moravdus vorhaden seih dar zue auch noch vil mer heiligtumbs in bemelter schatzkamer vngeuast liget das alles manigfeltigkliche von den Cristen menschen angerucfft gelobt vnd geeret wirdet.

Die Beschlusrede

O nun verstanden in was gstalt frumer lewt gabe allmucsen hilf vnd stewer bey vorgenantem wirdigē gotshaws angelegt vnnd nemlich nit anders dann zu gezier des heiltumbs vñ ge pew der kirchen gebraucht wirdet vnnd wen das alles wieuorstet volbracht vnnd das heiltumb gezaigt ist so macht der hoch wirdig in got vater vnd bef der bischof zu wienn oder seiner genaden stathalter ein prelat das volgk abberurter grössen gnad vnd ablas tailhaftig vñ gibt dē Segen mit ainē nambhafften vñ kostparlichē Stugk des heiligen kreytz Solcher gnad vnd ablas auch aller ander guten wergk so von allen andechtigen menschen in gemeiner Cristenhait got dem almechtigen zu lob vnd ere beschehen welle vns der hailand vñ erlediger alles menschlichen geschlechts.vnnser lieber her Jesus christus vmb seins pittern leidē vñ sterbñ willen parmhertzicklich tailhaftig machē dar zue vns sein hochgelobte mueter die hymlisch konigin vñ iügkfraw maria ein warer prün vñ vfsprung des ewigen liechts vñ ein trost aller sundigen menschen ires furbets nit verzeche auch allen gelaubigñ selen vñ vns nach disem zergengklichen leben dz himilisch vater land erwerbe.des bellff vns got der vater got der sun vnd got der heilg geist Amen.

c

¶ Wer nach in disem Kalender ist klerlich begriffen die
gena̅d vn̅d ablas so man bey vorgenanter allerheyligen
Thue̅nkirchen Sand Steffans teglich erlangen mag.

Januarius

Jenner hat xxxj.tag

1	A	Die beschneidung Christi	xiiij.M.v.C.xciiij.tag
2	b	Der acht Sand Steffan	xiij.M.C.x.tag
3	c	Der acht Sand Johanns	vj.M.iiij.C.x.
4	d	Der acht aller Kindlein	iiij.M.iij.C.lxxx.
5	e	Sand Seuerin peychtiger	iiij.M.iij.C.lxx.
6	f	Der heyligen drey Konig tag	ij.M.v.C.xviij.tag
7	g	Sand Valentin bischof	M.vij.C.lxxvj.
8	A	Sand Erhart bischof	vi.M.ij.C.xxx.
9	b	Sand Julian mit seiner geselschaft	vj.M.iiij.C.vi.
10	c	Sand Paul der erst ainsidl	vi.M.iiij.C.vi.
11	d	Sand Gregori bischof	vj.M.iiij.C.vj.
12	e	Sand Othart martrer	vi.M.iiij.C.vj.
13	f	Achtist der heiligen drey Konig	vi.M.iiij.C.vi.
14	g	Sand Felix briester vnd martrer	
15	A	Sand Maurus abbt	
16	b	Sand Marcellus babst	
17	c	Sand Anthonius peychtiger	ix.C.lx.
18	d	Sand Prisca iungkfraw	
19	e	Sand Germanicus martrer	
20	f	Sand Fabian vnd Sebastian martrer	iiij.M.ij.C.xx.tag
21	g	Sand Angnes iungkfraw	ij.M.iij.C.lxv.
22	A	Sand Vincentz martrer	ij.M.viij.C.xxxj.
23	b	Sand Emerantiana iungkfraw	M.iij.C.lx.
24	c	Sand Thimotheus zwelfpot	M.iij.C.lx.
25	d	Sand Pauls bekerung	vj.M.vj.C.lx.
26	e	Sand Policarpus briester	iij.M.ij.C.xx.
27	f	Johannes crisostomus	iij.M.ij.C.xx.
28	g	Der acht Sand angnes	iij.M.ij.C.xx.
29	A	Sand Valerius bischof	M.viij.C.lx.
30	b	Sand Aldegund iungkfraw	M.viij.C.lx.
31	c	Sand Virgilius bischof	M.viij.C.lx.

c ij

KL Februarius

Hornung hat xxviij.tag

1	d	Sand Brigida iungkfraw	M.viij.C.lx.
2	e	Unnser Fawen lie chenes	viij.M.ix.C.xxiiij.
3	f	Sand Blasi bischof	M.C.
4	g	Sand Files bischof	ix.C.lxx.
5	A	Sand Agatha iungkfraw	iij.M.lxx.
6	b	Sand Dorothea iungkfraw	iij.M.ix.C.v.
7	c	Sand Argulius bischof	ix.C.lxx.
8	d	Sand Dionisy bischof	ix.C.lxx.
9	e	Sand Apolonia iungkfraw	ix.C.lxx.
10	f	Sand Scolastica iungkfraw	
11	g	Sand Desiderius bischof	C.xx.
12	A	Sand Anastasia iungkfraw	
13	b	Sand Steffan bischof	
14	c	Sand Valentin martrer	
15	d	Sand Faustinus martrer	
16	e	Sand Juliana iungkfraw	
17	f	Sand Polocronius bischof	
18	g	Sand Simeon bischof	
19	A	Sand Gabinus priester	
20	b	Sand Eweburius bischof	
21	c	Achtvndachtzigk martrer	
22	d	Sand Peter stuelseyer	
23	e	Zwenynosibentzigk martrer	Panfast
24	f	Sand Mathias zwelfpot	vij.M.liij.C.xx.
25	g	Sand Walpurg iungkfraw	ij.M.vij.C.xx.
26	A	Sand Alexander bischof	
27	b	Sand Julian martrer	iiij.M.xl.
28	c	Sand Romanus abbt	iiij.M.xl.

Am Aschermittich iiij.M.xl.

Mertz hat xxxi. tag.

1	d	Sand Albinus martrer	iiij.AD.rl.
2	e	Sand Simplicius babst	iiij.AD.rl.
3	f	Sand Runegund iungkfraw	iiij.AD.rrr.
4	g	Sand Lucius babst.	AD.iij.C.rr.
5	A	Sand Uietor vnd victorin.	AD.iij.C.rr.
6	b	Sand Foca ain bischof	AD.iij.C.rr.
7	c	Sand Perpetua vnd Felicitas iungkfrawen	AD.iiij.rr.
8	d	Sand Pontius ewangelier	AD.iij.C.rr.
9	e	Sand Candius martrer.	AD.iij.C.rr.
10	f	Sand Alexander bischof.	AD.iij.C.rr.
11	g	Uiertzigk martrer.	AD.iij.C.rr.
12	A	Sand Gregori Babst.	v.AD.iiij.C.lr.tag
13	b	Sand Theusethe martrer.	AD.vij.C.tag
14	c	Sand Zacharias prophet.	AD.vij.C.tag
15	d	Sand Lucius bischof.	AD.vij.C.tag
16	e	Sand Ciriacus martrer.	AD.vij.C.tag
17	f	Sand Gerdraud iungkfraw	AD.vij.C.tag
18	g	Sand Alexander bischof.	AD.vij.C.
19	A	Sand Joseph pfleger Christi.	AD.vij.C.
20	b	Sand Gurbert bischof.	AD.iij.C.
21	c	Sand Benedict abbt.	AD.iij.C.lr.
22	d	Sand Paulinus bischof.	AD.iij.C.rr.
23	e	Sand Uictorian martrer.	W.iij.C.rr.
24	f	Sand Wigmenius briester.	W.iij.C.rr. C Panfast.
25	g	Uerkonndung Marie.	r.W.ij.C.rriiij.
26	A	Sand Castulus martrer.	ij.W.iij.C.
27	b	Sand Rueprecht bischof.	ij.W.iij.C.
28	c	Sand Priscus vnd Malchus	ij.W.iij.C.
29	d	Sand Maria egipciaca.	ij.W.iij.C.
30	e	Sand Quirinus martrer.	ij.W.iij.C.
31	f	Sand Regulus bischof.	ij.W.iij.C.

c iij

KL Aprilis

1	a	Sand Theodora iungkfraw	ij.M.iij.C.
2	A	Sand Vincentz bischof	M.iij.C.xx.
3	b	Sand Theodosia iungkfraw	M.iij.C.xx.
4	c	Sand Ambrosy bischof	v.M.iij.C.xx.
5	d	Sand Mariana iungkfraw	M.vij.C.
6	e	Sand Alexandrin martrer	M.vij.C.
7	f	Sand Celestin babst	M.vij.C.
8	g	Sand Perpetini bischof	M.vij.C.
9	A	Siben Jungkfrawen	M.vij.C.
10	b	Sand Anthoni martrer	M.vij.C.
11	c	Sand Philipp bischof	M.vij.C.
12	d	Sand Juli bischof	M.iij.C.xx.
13	e	Sand Ewfenia iungkfraw	M.iij.C.xx.
14	f	Sand Tiburtz vnd Valerian martrer	vij.M.C.lxxvj.
15	g	Sand Olimpiades martrer	vij.M.C.lxxvj.
16	A	Sand Vincentz babst	vij.M.C.lxxvj.
17	b	Sand Peter ewangelier	vij.M.C.lxxvj.
18	c	Sand Elewtherius bischof	vij.M.C.lxxvj.
19	d	Sand Vincentz bischof	vij.M.C.lxxvj.
20	e	Sand Genesy martrer	vij.M.C.lxxvj.
21	f	Sand Simeon bischof	M.vij.C.lxxvj.
22	g	Sand Gaius babst	M.vij.C.lxxvj.
23	A	Sand Albrecht bischof	M.vij.C.lxxvj.
24	b	Sand Georg martrer	v.M.lxxvj.
25	c	Sand Marchs ewangelist	vj.M.xx.xcvj.
26	d	Sand Cletus babst	ij.M.vij.C.xxvj.
27	e	Sand Anastasius babst	ij.M.vij.C.xxvj.
28	f	Sand Vital martrer	ij.C.xl.
29	g	Sand Germanus bischof	lx.C.xl.
30	A	Sand Quirinus bischof	ix.C.xl.

Am Raittag v.M.ij.C.lx.
Am Ostertag ix.M.v.C.
Am Achtisten des Ostertag iij.M.iiij.C.

Maius

May hat xxxi. tag

1	b	Sand Philip vnd Jacobs tag Walpurg	viij.M.ij.C.xx.
2	c	Sand Athanaſy biſchof	iij.M.lxx.
3	d	Erhůdung des heyligen krewtz	vij.MD.iiij.C.lxvj.
4	e	Sand Florian martrer	ij.MD.C.xl
5	f	Sand Gothart biſchof	ij.MD.C.xl.
6	g	Sand Johanns vor der lateiniſchen porten	ij.MD.C.xl.
7	H	Sand Benedict babſt	ij.MD.C.xl.
8	b	Sand Victor martrer	ij.MD.C.xl.
9	c	Gregorius nazarenus	
10	d	Sand Gordian vnd Epimachus	
11	e	Sand Mamertus biſchof	
12	f	Sand Pangratz mit ſeiner geſelſchaft	iiij.C.xlv.
13	g	Sand Seruacius biſchof	
14	H	Sand Bonifacius martrer	
15	b	Sand Sophia Jungkfraw	
16	c	Sand Peregrinus biſchof	
17	d	Sand Torpeſus martrer	
18	e	Sand Feliciſſimus vnd Agapitus martrer	
19	f	Sand Potenciana Jungkfraw	
20	g	Sand Baſilla Jungkfraw	
21	H	Sand Valeus martrer	
22	b	Sand Helena Jungkfraw	
23	c	Sand Deſiderius biſchof	v.MD.viij.C.xxvj.
24	d	Sand Dominicus peychtiger	v.MD.viij.C.lxvj.
25	e	Sand Vrbanus babſt	v.MD.viij.C.xxvj.
26	f	Sand Auguſtin biſchof	v.MD.viij.C.xxvj.
27	g	Sand Johanns babſt vnd martrer	v.MD.viij.C.xxvj.
28	H	Sand Germanus biſchof	v.MD.viij.C.xxvj.
29	b	Sand Maximus biſchof	v.MD.viij.C.xxvj.
30	c	Sand Felix babſt	
31	d	Sand Petronella Jungkfraw	

¶ Am Aufſartag vij.MD.ij.C.viij.

c iiij

Junius

KL Brachmonat hat xxx.tag.

1	e	Sant Nicodemus martrer	vij.M.vf.C.lxxiiif.
2	f	Sant Marcell vnd peter martrer	vj.M.vj.C.xxvj.
3	g	Sant Erasm bischof	vj.M.vj.C.xxvj.
4	A	Sant Quirinus bischof	vj.M.vi.C.xxvj.
5	b	Sant Bonifacius bischof	vj.M.vj.C.xxvj
6	c	Sant Vincentz vnd Benignus martrer	vj.M.vj.C.xxvj.
7	d	Sant Celestinus babst	vj.M.vj.C.xxvj.
8	e	Sant Medardus bischof	vj.M.vj.C.xxvj tag
9	f	Sant Primus vnd Felicianus martrer	vi.M.lx.
10	g	Sant Getulius martrer	vj.M.lx.
11	A	Sant Barnabas zwelfpot	vj.M.lx.
12	b	Sant Cirinus mit seiner geselschaft	vj.M.lx.
13	c	Sant Anthoni peichtiger	
14	d	Sant Blasy Ertzbischof	
15	e	Sant Veit Modestus vnd Crescentia	xiiij.M.iij.C.xxvj
16	f	Sant Aurius vnd Justinus martrer	v.M.H.C.lxvj.
17	g	Zwenvnoviertzigk martrer	v.M.ij.C.lrj.
18	A	Sant Marcell vnd Marcellian	v.M.ij.C.lxvj.
19	b	Sant Geruasy vnd prothasy	v.M.ij.C.lxvj.
20	c	Sant Regina Jungkfraw	
21	d	Sant Alban martrer	
22	e	Sant Achatz mit seiner geselschaft	
23	f	ℭ Wanfast	
24	g	Sant Johanns gotstawffer	vj.M.C.xx.
25	A	Sant Gallicanus martrer	v.W.xxviij.
26	b	Sant Johanns vnd paul martrer	v.M.xxviij.
27	c	Die siben schlaffer	v.M.xxviij.
28	d	Sant Leo babst	v.M.xxviij. ℭ Wanfast
29	e	Sant Peter vnd pauls	xij.M.vi.C.lviij.
30	f	Sant Paulus gedechtnus	xviij.M.viij.C.lxviij.

ℭ Am Pfingstag xiij.M.iiij.C.tag
ℭ Am tag der Driualtikait vj.M.viij.C.lxvj.tag
ℭ Am beyligen fronleichnam tag vj.M.iiij.xxiiij.

Julius

Hermonat hat xxxi. tag

1	g	Achtift ſand Johanns gottſtauffers	xiii.M.v.C.viii.
2	A	Unſer fraw ñ beſuechũg. Proceſſ vñ martinia	ix.M.iiij.c.lx.
3	b	Erhebung ſand Thomans zwelfpoten	xx.M.iiij.C.lx.
4	c	Sand Ulrich biſchof	x.M.viij.C.xxiiij.
5	d	Sand Demetry martrer	x.M.iiij.C.lx.
6	e	Achtift ſand peter vnd pauls	ix.M.iiij.C.lx.
7	f	Sand Willibald biſchof	ij.M.vij.C.xl.
8	g	Sand Kilian mit ſeiner geſelſchaft	tij.C.lx.
9	A	Erhebnng ſand Niclas	
10	b	Siben brueder	
11	c	Erhebung ſand Benedict	
12	d	Sand Margret Jungkfraw vnd martrerin	v.M.ix.C.xlv.
13	e	Sand Henrich kaiſer	iij.C.lxx.
14	f	Sand Foca biſchof	iij.C.lxx.
15	g	Der zwelfpoten ſchidung	iij.C.lxx.
16	A	Sand Hilarius martrer	iij.C.lxx.
17	b	Sand Alex beichtiger	iij.C.lxx.
18	c	Sand Arnolfus biſchof	iij.lxx.
19	d	Sand Arſenius beichtiger	iij.C.lxx.
20	e	Sand Helias prophet	
21	f	Sand Braxedis Jungkfraw	
22	g	Sand Maria magdalen	vj.M.C.xxv.
23	A	Sand Appollinaris martrer	v.M.iij.C.lxx.
24	b	Sand Criſtina Jungkfraw C.lxx. ☾ Danfaſt	
25	c	Sand Jacob zwelepot S.Chriſtof martrer iiij.M.viij.c.lxxv.	
26	d	Sand Anna vnſer frawen mueter	ij.M.ij.C.lxx.
27	e	Sand Hermolaus prieſter	iij.C.lxx.
28	f	Sand Panthaleon martrer.	iij.C.lxx.
29	g	Sand Felix Simplicius Fauſtinus	iij.C.lxx.
30	A	Sand Abdon vnd Sennen martrer	
31	b	Sand Germanus biſchof	

Augustus

Augst hat xxxi. tag

1	c	Sand Peter kettnfeyer	
2	d	Sand Steffan babst	
3	e	Erfindung Sand Steffan martrer	vij. AD.C.rriiij.
4	f	Sand Valentin martrer	iij.C.lrrr.
5	g	Sand Oswald konig Marie schnefeyer	iiij.C.rr.
6	H	Sand Sirt babst	iij.C.lrr.
7	b	Sand Affra martrerin	AD.v.C.rl.
8	c	Sand Ciriack martrer	iij.C.lrr.
9	d	Sand Tonian martrer	iij.C.lriij. ⸿ Wanfast
10	e	Sand Lorentz martrer	vij.AD.rl.
11	f	Sand Tiburtz martrer	r.AD.vij.C.rr.
12	g	Sand Clara iungkfraw	v.AD.vij.C.rr.
13	H	Sand Hyppolitus martrer	r.AD.vij.C.rr.
14	b	Sand Ewsebius peychtiger	r.AD.vij.C.rr. ⸿ Wanfast
15	c	Unser Frawen schidung	riiij.AD.vj.C.lviiij.
16	d	Sand Arnolff bischof	rj.AD.ir.C.rrvj.
17	e	Achtist sand Lorentzen	rj.AD ij C.rrvj.
18	f	Sand Agapitus martrer	vj.AD.ij.C.rj.
19	g	Sand Magnus martrer	vj.AD.ij.C.rj.
20	H	Sand Steffan konig von bungern	vj.AD.ij.C.rl.
21	b	Sand Privatus martrer	vj.AD.ij.C.rj.
22	c	Sand Thimotheus vnd Symphorianus	vi.AD.ij.C.vj
23	d	Sand Donatus martrer	⸿ Wanfast
24	e	Sand Bertime zwelfpot	vj.AD.vij.C.lrr.
25	f	Sand Genesi martrer	AD.C.
26	g	Sand Sireneus martrer	AD.C.
27	H	Sand Ruffus martrer	AD.C.
28	b	Sand Augustin bischof	vj.AD.rv.
29	c	Sand Johanns gotstauffer enthaubtung	iij.AD.vij.C.lr.
30	d	Sand Felix vnd Adouctus	AD.C.
31	e	Sand Paulinus bischof	AD.C.

September

Herbſtmonat hat xxx. tag

1	f	Sand Egidius abbt xr.C.lr.
2	g	Sand Emericus hertzog
3	A	Sand Anthoni martrer
4	b	Sand Marcell martrer
5	c	Sand Genebald biſchof
6	d	Sand Mangnus peychtiger
7	e	Sand Regina iungkfraw
8	f	Unſer Frawengeburd viij.MD.lr.C.lxxiiij.
9	g	S. Gorgonius mr̄ S.Kunigūd iungkfraw vj.MD.vj.C.lvj
10	A	Sand Theodardus biſchof vj.MD.vj.C.xxvj.
11	b	Sand Prothus vnd Jacinctus martrer vj.MD.vj.C.xxvj
12	c	Sand Maternus martrer vj.MD.vj.C.xxvj.
13	d	Sand Maurilius biſchof vj.MD.vj.C.xxvj.
14	e	Erhebung des heyligen kreytz vj.MD.lr.C.lxxxvj.
15	f	Sand Nicodemus martrer vj.MD.vj.C.xxvj.
16	g	Sand Ewfemia iungkfraw
17	A	Sand Lamprecht piſchof S.Regnifrid martrer lxxx.tag
18	b	Sand Florentius biſchof
19	c	Sand Januari mit ſeiner geſelſchafft
20	d	Sand Fauſta iungkfraw ⸿ Wan faſt
21	e	Sand Matheus weltpot vnd ewangeliſt xij.MD.lxx.
22	f	Sand Mauritz vnd ſein geſelſchafft iiij.MD.vij.C.lxx
23	g	Sand Tecla iungkfraw iij.MD.C.lxx.
24	A	Sand Rueprecht biſchof iij.MD.C.lxx.
25	b	Sand Firminus martrer iij.MD.C.lxx.
26	c	Sand Ciprianus biſchof vnd martrer iij.MD.C.lxx.
27	d	Sand Cofmas vnd damianus iiij.MD.C.lxx..
28	e	Sand Wentzeflaus hertzog tiij.MD.v.C.xx.
29	f	Sand Michael ertzenngl vj.MD.ij.C.lr.
30	g	Sand Jheronimus brieſter iiij.MD.iiij.C.lr.

October

KL

Weinmonat hat rrrj.tag.

1	A	Sand Remigi mit seiner geselschaft	ij.M.iij.C.rr.
2	b	Sand Leodogarius martrer	M.iij.C.lr.tag
3	c	Sand Suplitius vnd Seruiliatius	M.iij.C.lr.
4	d	Sand Franciscus peichtiger	M.iiij.C.
5	e	Sand Claman bischof	M.iij.C.lr.
6	f	Sand Fidis Jungkfraw	M.iij.C.lr.
7	g	Sand Sergius vnd bachus	iij.C.lr.
8	A	Sand Demeter martrer.	
9	b	Sand Dionisy mit seiner geselschaft	
10	c	Sand Gerion mit seiner geselschaft	
11	d	Erhebung sand Augustin	
12	e	Sand Marimilian bischof	
13	f	Sand Colman martrer	v.M.v.C.lrv.
14	g	Sand Calirtus babst	
15	A	Sand Fortunatus martrer	
16	b	Sand Gallus abbt	ij.M.rl.
17	c	Sand Martha Jungkfraw	M.
18	d	Sand Lucas ewangelist	v.M.v.C.c.
19	e	Sand Januarius mit seiner geselschaft	ir.C.rl
20	f	Sand Quirinus martrer	ir.C.rl.
21	g	Sand Ursula mit irer geselschaft	iij.M.ir.C.rk
22	A	Sand Seuerus bischof	ir.C.rl.
23	b	Sand Seuerinus bischof	ir.C.rl.
24	c	Sand Maglorius peichtiger	ir.C.rl.
25	g	Sand Crispinus vnd crispinianus martrer	rr.C.rl.
26	e	Sand Amandus bischof	
27	f	ℂ Panfast.	
28	g	Sand Symon vnd Judas zwelfpoten	vj.M.iiij.C.
29	A	Sand Narcissus bischof	ij.M.C.
30	b	Sand Felicianus mit seiner geselschaft	ij.M.C.
31	c	Sand Wolfgang bischof	ij.M.C. ℂ Panfast.

Wintermonat hat ꞩꞩ.tag

1	d	Aller heyligen tag	ir.ꝭ.ir.C.ꝛliú.
2	e	Aller gelaubigen ſeelen tag	viij.ꝭ.vj.C.lꝛꝛvj.
3	f	Sand Pirinimus biſchof	iij.ꝭ.iiij.C.ꝛl.
4	g	Sand Amandus biſchof.	iij.ꝭ.iiij.C.ꝛl.
5	A	Sand Felir prieſter	ꝭ.iij.C.ꝛl.
6	b	Sand Lienhart abbt	ꝭ.vij.C.ꝛlv.
7	c	Sand Bilibrordus biſchof	ꝭ.iij.C.ꝛl.
8	d	Uier Krönt martrer	ꝯ.iij.C.ꝛl.
9	e	Sand Theodorus martrer	
10	f	Sand Ludmilla iungkfraw	
11	g	Sand Martein biſchof	vj.ꝭ.vij.C.lꝛv.
12	A	Funf brueder	v.ꝭ.v.C.ꝛl.
13	b	Sand Brictius biſchof	v.ꝭ.v.C.ꝛl.
14	c	Sand Clementinus mit ſeiner geſellſchaft	v.ꝭ.v.C.ꝛl.
15	d	Sand Leopold margkgraf	v.ꝭ.v.C.ꝛl.
16	e	Sand Otmarus abbt	v.ꝭ.v.C.ꝛl.
17	f	Sand Thecla iungkfraw	v.ꝭ.v.C.ꝛl.
18	g	Achtiſt Sand Martein	v.ꝭ.v.C.ꝛl
19	A	Sand Eliſabeth wittib	ij.ꝭ.iiij.C.lꝛꝛ.
20	b	Sand pontianus biſchof	v.C.ꝛl.
21	c	Sand Columbanus abbt	v.C.ꝛl.
22	d	Sand Cecilia iungkfraw	iiij.ꝭ.iiij.C.lꝛv.
23	e	Sand Clemens babſt	ꝭ.vj.C.ir.
24	f	Sand Criſogonus martrer	ꝯ.vj.C.ꝛr.
25	g	S. Katherina iungkfraw vñ martrerin	vij.ꝭ.vij.C.lꝛꝛv.
26	A	Sand Linus babſt.Sand Conrad biſchof	iiij.ꝭ.ij.C.lꝛiiij.
27	b	Sand Uirgilius biſchof	iij.ꝭ.ꝛl.
28	c	Sand Ruffus mit ſeinem haußgſind	iij.ꝭ.ꝛl.
29	d	S. Saturninus vñ ſein geſellſchafft	iij.ꝭ.ꝛl. ☜Uanfaſt
30	e	Sand Andre zwelfpot	ir.ꝭ.iij.C.ꝛv.

December

KL

December

Chriſtmonat hat xxxj.tag

1	f	Sant Longinus martrer	ix.OD.
2	g	Sant Julianus martrer	ix.OD.
3	A	Sant Caſſianus martrer	vij.OD.xl.
4	b	Sant Barbara iungkfraw vnd martrerin	viij.OD.iiij.C.lx
5	c	Sant Criſpina iungkfraw	vij.OD.xl.
6	d	Sant Niclas biſchof	xiij.OD.v.C.xl.
7	e	Achtiſt Sant Andre	xi.OD.vj.C.xl.
8	f	Empfengknus Marie	vi.OD.ix.C.lxx
9	g	Sant Leocadia Jungkfraw	OD.iij.C.lxx.
10	A	Sant Ewlalia iungkfraw	OD.iij.C.lxx.
11	b	Sant Damaſus babſt vnd martrer	OD.iij.C.lxx
12	c	Sant Hermoginus	OD.iij.C.lxx
13	d	Sant Lucia Sant Otilia Sant Jobſt	viij.OD.xlv
14	e	Sant Nicaſius biſchof	iij.C.lxx.
15	f	Sant Ualerian biſchof	iij.C.lxx.
16	g	Sant Annamas S. Azarias. Miſael	iij.C.lxx
17	A	Sant Ignatius biſchof	iij.C.lxx.
18	b	Sant Ruffus mit ſeiner geſelſchafft	iij.C.lxx
19	c	Sant Nemeſius biſchoff	iij.C.lxx.
20	d	☜ Wanfaſt	iij.C.lxx.
21	e	Sant Thomas zwelfpot	vj.OD.iiij.C.
22	f	Dreyſſigk heylig martrer	OD.C.
23	g	Sant Uictoria iungkfraw	OD.C.xx.
24	A	Der heylig abent	OD.C.xx. ☜ Wanfaſt
25	b	Der heylig Criſtag	ij.OD.xiiij.
26	c	Sant Steffan der erſt martrer	xviij.OD.ij.C.iij.
27	d	Sant Johanns zwelfpot vnd ewangeliſt	xij.OD.lxxj.
28	e	Der Unſchuldigen kindlein tag	xvij.OD.viij.C.lxxxvj.
29	f	Sant Thoman von kandlwerg biſchof	xvj.OD.vij.C.lvj
30	g	Sant Sabinus biſchof	xvj.OD.vij.C.lvj.
31	A	Sant Silueſter babſt	xvj.OD.vij.C.lvj.

Af den montag nach Sannd Jacobs tag so man czellt nach Cristi vnſers liebñ herren geburde funfzehēhundert vnd ain iar iſt diſs vorangetzaigt hochwirdig heyltūbñ antlas darmit bemelte wirdige ſtift aller heiligñ Thuemkirchñ S. Steffans wie vorſtet võ den heiligñ vater Bebſtē Cardineln patriarchen legatē ertzbiſchouen vñ biſchouen furgeſechñ vñ begabt alſo das ſolich heiltūb vñ antlas menigklich geoffenwart vñ in erkentnus kotñe darourch die Criſten menſchen zu merer andacht entzundet genaigt vñ bewegt auch dz bail irer ſelen deſtpaſs betrachten mögen zuuoran got dem allmechtigē der lobſamen iungkfrawen marie allem hymeliſchñ here vñ beruertem heiltumb zu lobe vñ ere auch allen gelaubigen ſeñ vñ den andechtigē menſchen zu hillf vñd troſt mit gunſt vnd willen der Erſamē hochweiſenherrñ Burgermaiſter vñ rate der Loblichñ ſtat wienn vñ nemlich aus ſonderiñ fleiſſe vnd darlegen Mathewſen hewpperger auch der zeit des rate vnd burger daſelbs betracht angeben vnd zu ſamen gezogñ Vnd nachmals diſs puchl Nach criſti gepurde. Tauſent funfhundert vnd zway iar durch Johannē Winterburg auch burger daſelbs zu Wienn gedrugkt vnd zu endbracht

TITEL UND NACHTRÄGE

DER

AUSGABE VON 1514.

In difem Buechl fein Alle vnnd yede Stuckh
des hochwirdigen Hayltumbs der zeit In aller heyligenn
Thumkirchen Sant steffan der stat Wienn in Osterreich
verhandē vnd albeg den nagstñ Sūtag nach dem Ostertag
Jarlich zaigt werden: dem nach:dem alten puchl vil stuck
die erst her zwe kumē vnd in pesser Form pracht worden ab
gen aigentlich verzaichnet. Anno Domini. 1514

Uermerkent merung:besserůg:vnd zu=
nemung diss wirdigenn heyltumbs.

Iernach seyen aigentlich verzaichnet die stuck so in den al=
ten heyltumbpuechln abgeen vnd erst hertzue kömen auch
etliche alten stuck in ander form auff sueffel gericht sein wor=
den von dem 1 5 0 2 Jarn/pis auff 1 5 1 4 Jarn / die von bef
ODatheus bewpperger abermals auff sein costen vnd dar=
legen/zw Ern dem hochwurdigen heyltumb auff ain news
ab conterfaytben vnd trucken hat lassen/dartzw ain yetlichs stuck mit dem
a.b.c. Jn welhe procession es gebort albie/vnd vor im puechl aigentlich ge=
merckt vnd verzaichnet an welhe stat wo sy abgeend vnd hingeborn wirt
man alles in disem platel vinden nach der Registratur des.a.b.c.

Jn der erst proceß. a. b.

a

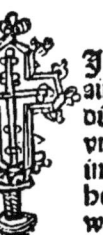

Jn der ersten proceß das Erst
ain silberin verguldt Stuckh
dis Jar auff ein new b ghefast
vnd auff ain sues gemacht dar
in ain mercklich stuck vö dem
heyligě Crewtz ein gefast vnd
wol getziert mit vil kostlichen
edlem gestain.

b

Jn der ersten pro=
ceß das 39 Suck
ain Silberein ver=
guldt crewtz darin
von dem heyligen
Crwtz vnd auder
heyltung.

Jn der ander proceß. c. b. c. f. g.

c

Jn der Annder proceß
das 8 stuck ain guldin
plenary darin von dem
hailtumb des pluetigě
Swais christi disstuck
ist auff ain sues gemacht
worden.

d

Jn der and das 9 stuck
ain guldein plenary ist
auch auff ain sues ghe=
macht wordenn/ darin
das hailtumb von der
bescheidung Christi.

e

In der andern proceß das 18 stuck ain lantzñ So ain Jud in ain Crucifix gestochē hat gesprengt wunderlich mit pluett/ dise lantze ist auch auff ain fueß gemacht word.

f

In der andern proceß das 25 stuck In ainem silberin pilde Sant Dorothee Darin vonn dein schlayer Marie der 11. tausent mayde der eckch tausent marttrer sant Johanns gots tawfers achatij katherie vnd sain andrea heiltumb.

g

In der andern proceß das 26 stuck vnd das letz stuck dyser proceß in ainem silberein ain tail vergultū musträtzl darin mit den zaychē der siben Schmertzen darin von dem grab Marie vnd Sant dorothee heyltumb.

In der funfft proceß. h. i. k. l.

h i

In der funfft proceß das 15 vnd das 16 stuck silberen vnd vergulte czway pildot Cosme vnnd Domiani mit irem heiltüb

k

In der funfft proceß das 25 stuck in ainer silbern monstrantzē etwas vergult geschickht als ain pacifical darauf ain schone coratten zeichē mit vil zingken darin von sant eustacij vnnd mit mer heyltumb.

I

Jn der funfften proceß das 26 ſtuck in
einem ſilbern wolgetzierten bochen mő-
ſtrantzl darin Sát acbacy kew vnd ripp

Jn der ſext proceß. m. n. o. p. q.

III

Jn der Serten proceß
das 20 ſtuck ſant Jor-
gen Spies der iſt auff
ein fueß gemacht word

n

Jn der Setzen proceß
das 22 ſtuck die lantzn
ſant moritzn iſt auch
auff ain fueß gemacht
wordenIII.

---

o

Jn der Sexté pceß das
26 ſtuck ain ſilbern ver-
gults pilo ſant Steffans
darin von dem ſtain da
mit ſát Steffan vſtaint
iſt wordé von ſant Jor-
gen arm ſant Theodori
ſant georgé bruoder ſát
deſidery ainns biſchoff
vnd martrer ſát georgi
Ritter vnnd martrer.

p

Jn der Sexté pceß das
27 ſtuck ain ſilbern ver-
gults pilo ſant Lorétzn
darin heiltúb ſácti mo-
deſti ſaturnini martyrú
vnd rő der legion the-
beoz von dem biſchoff
ſtuel ſant leodegary dar
auff er ſas die weyl das
liecht von hymel vber
Jn erſchain.

q

Jn der Serten proceß das 28 ſtuck Jn
einer Jndiſchen nus mit ſiber getzieret
darauff Adā vnd Eua darinnen ſát Di-
oniſy vnd valentini martyrú beyltumb

Jn der Sibenthñ proceß. r.ſ.t.v.

r

Jn der Sibenthñ proceß
das 33 ſtuck ain ſilbe-
reins ſät Ulrichs pild
darin beyltumb ſandt
Ottonis ſandt Frede-
richs epiſcopotum des
heylige ſant Sigmũds
Merinetis Werculiani
der martrer.

ſ

Jn der Sibenten proeß
das 34 ſtuck ain hoher
vergulter ſchoner kopff
darin das heiltũb ſant
Wieronimi Leonbardi
vnd ſant Walentini der
pexebtiger mit mer an-
der. beyltumb.

t

Jn der Sibenthñ proeß das
35 ſtuck ain ſilbzein hocher
pecher wol geziert darauf
ſant Marteins pild auff ai-
nem Roß darin von dem
hawpt ſät mertein mit mer
ſeinem heiltũb Jtē võ dem
pluet ſaht Jobäs baptiſte
vnd dem grab ſeti Jobannis
Euangeliſte.

v

Jn der Sibenthñ pr
oeß das 36 ſtuck vñ
das letz in einem ſil-
bzein ſant Wolfgäg
pild das heyltumb
ſant Leopold mar-
graff vnnd mer an-
der heyltumb.

Jn der Acht vnd letz proceß. x

x

Jn der Achtiſten proceß das 37 ſtuck vnd
das letz in diſer proceß Jn ainer ſchoenn
ſilbzein möſtrantzen etwas vergult dar-
in ain piß aus der achſt ſäcte katherine.

Deo gras.